Jeff Zwiers

Next Steps

with Academic Conversations

学習会話を育む

誰かに伝えるために

ジェフ・ズィヤーズ
北川雅浩・竜田徹・吉田新一郎訳

新評論

まえがき

話すことによって考えの伝達が可能となり、困難なことに対して人々が協力して取り組めるようになる。人類のすぐれた業績は話すことから生みだされてきた一方で、話さなかったことから大きな過ちが生じてしまった。こうなってはいけない。未来において、私たちの大いなる望みは現実のものとなるだろう。科学技術の進化によって可能性は無限に広がる。必要なのは、話すという行為を続けることだ！（スティーヴン・ホーキング[1]）

本書は、授業中の会話をより実りあるものにしたい、もっと量も質も高めるための方法を学びたいと願っている教師のみなさんのために書いたものです。すでに会話スキルを高める指導をされている教師にとっても、さらなるレベルアップにつながるような情報を掲載しています。

（1）（Stephen William Hawking, 1942～2018）イギリスの理論物理学者で、「車椅子の物理学者」としても知られています。ブラックホールに関する業績を度々発表しました。

前著の『学習会話（Academic Conversations）』（未邦訳、二〇一一年）を出版してから、会話に対する指導に[2]力を入れているたくさんの教師とともにより良い方法を追究してきました。これらの教師は、生徒の会話スキルを高めるだけでなく、会話を通して学習内容の理解を深めてきましたし、思考スキルや言語能力を高めることに取り組んできました。そこで得た知見やデータをいかし、前著『学習会話』で示した内容をもとにしながらも、本書では以下のような改訂を行いました。

❶収録した会話の事例を更新しています。
❷最近の調査結果や理論を取り入れています。
❸実践のなかから生じた疑問に答えています。
❹会話を高めるための具体的な手立てやアクティビティーを紹介しています。

学習における生徒間の会話の質を高めるのに苦慮している、という教師の声を聞くことがしばしばあります。多様な言語的・文化的背景をもった生徒が在籍しているクラスでは、なおさらでしょう。当然のことですが、基礎的内容に偏った学習や、教師の指示に従うだけという﹅﹅﹅﹅つまらない授業ばかりを行っているような教室では、学習会話が生まれるはずがありません。一方、学習会話の充実に取り組もうとしているクラスであっても、「そんな指導法ではテストでよい成績が取れない」といった指摘を受けるかもしれません。

そもそも、学習会話はテストで正答を得るために発明されたものではありません。学習会話は、より良い問題解決や考えの形成、人間関係の構築、他者との相互理解といったことを高め、世界を発展させていくために磨きあげられてきたものです。

とはいえ、よい会話ができるようになっても、あまり成績が変わらないのであれば、努力するほどの価値がないと感じるかもしれません。しかし、ともに取り組んできた多くの教師は、学びに取り組む生徒の姿勢や学習内容の理解、言語能力の高まりを見てきましたし、テストの成績も向上させてきました。

もし、あなたの目的がテストの成績向上にあるのではなく、生徒にとって大事なこと（たとえば、強固な人間関係、学びへの関心、多様な他者と話し合う力、共感力、協働して討論する能力、クリティカル・シンキング[3]、創造性）をより優先したいと考えているのであれば、本書で示す考え方や指導方法はとても価値のあるものになるはずです。

（2）本書はアメリカでの実践をもとに書かれているためにすべて「生徒」と表記しますが、対象としては小学生も含まれています。

第1章では、授業を通して発展させる学習会話の中心スキルについて解説します。

第2章は、会話で考え(4)をつくりあげるとはどういうことなのかについて扱います。その際、協力して考えをつくることをまだ十分に理解しているとはいえない段階の生徒（大人は大丈夫でしょうか⁉）の会話例も紹介していきます。

第3章では、協働して討論する能力（競争して討論する能力ではなく）を生徒が高めていく方法について解説します。

第4章は、国語科での読むことや書くことでの会話の取り入れ方と、会話を促す効果的な問いかけのつくり方を提示します。

第5章は、教師と生徒の両方が成長を実感し、次の学びにいかしていけるようにするための形成的評価と総括的評価の仕方について説明します。

そして、最後の第6章では、会話する文化を教室の中に醸成するうえにおいて必要不可欠な手立てを紹介していきます。

最後に、生徒の会話を通した学びを高めるために時間とエネルギーを費やそうとしているあなたに感謝します。学習会話の取り組みは、生徒に素晴らしい変化をもたらすでしょう。実際に読み進めていくなかで新たな方法を教室で試されたら、そこで得た「気づき」や「振り返り」をぜひともほかの教師と共有していただき、充実した会話による学びを、学年や教科といった垣根を越えて深めていかれることを願っています。

(3) 「批判的思考」ないし「多角的思考」と訳されることが多いですが、それでは本質的な部分が抜け落ちてしまいます。重要なことは、「大切なものを見極める力」と「大切でないものを排除する力」です。それを可能にするためには、「批判的」に、あるいは「多角的」に考えるといったことも求められますが、それらにとどまっていては重視すべき二つの力は得られません。日本の教育において、一番おろそかにされ続けているものの一つだといえます。

(4) 原文は「idea」です。「アイディア」と訳すこともできますが、日本語の場合、「アイディア」には初期の一時的なもの、思いつきというニュアンスをもつことがあります。それに対して、本書における「idea」は、会話を通して練りあげていくもの、プロセスを含むものとして提案されていますので、本書では「考え」としています。四八〜四九ページに示される「考え」の定義も参照してください。

もくじ

学習会話を育む——誰かに伝えるために

第1章 学習会話とは何か？

会話は船であり、錨《いかり》であり、目的地だ。

学習会話は、生徒が学習内容の理解を深め、思考力や言語能力を高めるうえでとても有効な手段です。学習のための、単なるツール以上のものであるといえるでしょう。扱うテーマにかかわらず、学習であってもなくても、人生におけるさまざまな苦難を乗り越えるために、あるいは人間関係を築き、共感力や社会性を高めるためにうまく話し合う必要があります。

本書は学校における会話に焦点を当てたものですが、本章やのちの章でも強調するように、中心的なスキルは学校外でも役立つでしょう。実際、多くの社会人は、これらのスキルのいくつか（あるいはすべて）を用いて仕事を行っていく必要があります。

学習会話は、参加者の考え方を変容させます。会話を通して、もとの考えが強められたり、弱められたり、明確にされたり、選択されたり、あるいは新たな発想を生んだりすることで考えの変容が起こります。たとえば、ある五年生の女の子が、読んだ小説のテーマについてペアの子どもと話し合ったときのことです。

彼女自身が考えるテーマを伝えたところ、ペアの子どもも似たようなテーマを考えていたのですが、異なる理由や根拠をもっていました。二人は言葉の意味を確かめあい、自分たちの考えたテーマに説得力をもたせるための根拠を協力して集めました。その結果、彼女たちは、会話を通じて発展的な考えを協力してつくりあげ、「自分（たち）のもの」にしたのです。

このように、いかなる場合でも会話を通して、少なくとも一つの考えがつくられるように努める必要があります。また、参加者は、小さなものでもよいので、何らかの変化（知識を得る、見方を変える、信念を強める、問題解決の新たな方法を得るなど）を獲得するといった目標を設定するべきです。

学習会話の恩恵

生徒にとって、学習会話に取り組むことにはさまざまなメリットがあります。会話の量と質を高める指導をするためには少なからず労力を必要としますから、モチベーションを維持するためにも、学習会話によってどのような恩恵が得られるのかについて認識しておくとよいでしょう。

学習内容の理解

会話によって、生徒は疑問や迷いをほかの人と共有することができます。パートナーがすべての疑問を解決するためのヒントをくれるとはかぎりませんが、生徒は会話を通して、自分が知らなかったことや知る必要のあることが学べます。パートナーと話せば、相手がもっている知識や根拠、そして経験を提供してもらえるからです。

たとえば、文章に書かれていた内容を忘れてしまったとしても、パートナーがそれを補ってくれます。そして、本書全体を通して見ていくように、生徒が学習内容に関連するしっかりとした考えをつくるために学習会話が後押しをします。自分の考えをつくることによって、考えた内容だけでなく、考える際に用いた方法や言葉も記憶に残りやすくなります。語句や公式をバラバラに覚えることに比べたら、その差は歴然といえます。

言語能力の向上

実際の会話においては、聞き手にあわせた言葉によってやり取りが展開されます。たとえば、アナがデイビッドと物語のテーマについて話している場合、デイビッドが言ったことがよく分からなければ、アナは「何？」とか「えっ？」と言うことでしょう。すると、デイビッドは、別の言葉に言い換えたり、ジェスチャーをしたりしてアナが理解できるように話し直すはずです。そして、アナのほうも同様に、自分の考えをデイビッドが理解し、いかせるように伝えることが促されます。

意味を考えていく際には語句や文法が意識されますし、会話のなかで繰り返し用いられることによって語句や文法の理解が深まるのです。

社会的・感情的スキルの向上

バントゥー[1]族の言語において、「ubuntu」という語句には「ヒトは他者を通してのみ人となり得る」という意味があります。このプロセスにおいて、会話は大きな役割を果たしています。

脳神経科学者は、私たちの脳と心は他者との対面的な相互作用の影響を受けていると主張しています。会話において、単に言語情報を解読したり暗号化（ロボットがそうするように）すること以上に、人の心は意味や感情、価値を推察するといった形で相手の心を理解しよう（あるいは映しだそう）とします。［参考文献13］

会話という経験を積むことで生徒は、一連の問題についてほかの人がどのように考え、感じるのか、また感じたことをどのように表現するのかを理解していきます。この行為は、他者が世界をどのように見て、どのように反応するのかについて理解する能力、すなわち重要となる社会的スキル[2]の「共感する力」を養うことになります。

共感する力は、会話を通してつながりをつくり、より良い人間関係を築くうえにおいて大切な役割を果たします。たとえば、会話のなかであなたの言いたいことを私がまったく理解しないなら、おそらく私はあなたの友人にはなれないでしょう。共感する力やほかの社会的スキルの欠如は、ニュースでしばしば見られるように、私たちの世界に深刻な誤解や問題を引き起こす可能性があるのです。

学び手としての自信と自覚を高める

さまざまな理由から、自分は勉強に向いていない、仲間のようにはうまく学べないと感じている生徒が少なからず存在します。会話は、学び手としての自覚を高めることに影響します。協力して考えをつくりあげる自由と考えを表現する方法が与えられれば、生徒は意識して学習におけるエイジェンシー（主体性）に取り組むようになります。

エイジェンシーとは、学習の道具（言語や思考など）を用いて何か意味のある行為をしようとする意識のことです。それは、単にその道具が使えることを示すものではありません（家を建て

(1) バントゥー系民族はアフリカ言語の大カテゴリーで、カメルーンから中央アフリカと東アフリカを横切り、南アフリカまでのブラックアフリカに分布する四〇〇以上の民族に対する一般的分類として用いられています。
(2) ソーシャル・スキルのほうが今となっては一般的かもしれません。要するに、対人関係スキルのことです。

るという目的をもって工具を使うのと、廃材を使って工具の使い方に関するテストを受け続けるのとでは、生徒の「使う」という意識は大きく異なります）。また生徒は、授業のなかで自分の考えや思いを声にして届けたいと思っています。つまり、自分の考えには価値があり、授業における協同的な学びに貢献できることを示したいと感じているのです。

これらのことを大事にすれば、生徒は所属意識や自信、ほかの人と同じように学べる証《あかし》を高めていきます。学習において自分の可能性を信じることは、極めて重要だといえます(3)。

公平性の促進

ここでいう公平性とは、生徒の学びの可能性を最大限に引き出すために、さまざまな素材や経験を個々に応じた方法で意図的に提供することです(4)。背景や言葉の習熟具合、能力などが異なる生徒間での会話は、公平性の促進につながります。教師としては、会話の「前・中・後」においてさまざまな支援ができますし、またすべきですが、そのほとんどは、会話という活動自体やそこに参加する生徒自身が解決するでしょう。

私たちは交流することによって互いに距離を縮めていきます。生徒は、ほかの人と交流する際、相手が何を言っているのか、どのように感じているのかについて、認知的にも言語的にも理解しようと努める必要があります。こういった働きかけが「全員」を前進させるのです。たとえば、アナがデイビッドよりも英語が堪能であったとしても、アナはデイビッドに考えを伝えることによって、あるいは異なる背景をもつデイビッドがどのように感じたのかについて知ることによって互いに学べるのです。

指導にいかすための実態把握（形成的評価）

会話を観察するという行為は、生徒がどのようなことを知っていて、何ができるのかを把握するとともに、彼らがどんな人間であり、どのようになりたいのかが知れる素晴らしい「窓」となります。これによって、生徒の学びを高めるために、次の授業を調整したり付け加えたりすることができます。

欠点となるのは、すべての会話のデータを家に持ち帰って、毎晩「成績づけ」ができないということです（もし、可能だという人がいたら連絡をください。いくつかの質問を用意してありますから）。しかし、いくつかのペアやグループの会話を抽出して観察する程度であれば毎日できますし、そこから生徒の学びについて多くのことが分かります。(5)

（3）エイジェンシー（主体者意識）と「声」に関しては、『言葉を選ぶ、授業が変わる！』と『私にも言いたいことがあります！』を参考にしてください。

（4）この点については、QRコードをぜひご覧ください。

学習会話に向けての準備

本書は、どのページにおいても、授業において生徒が、そして教師自身も効果的に話し合うための準備ができるように書かれています。ここでは、のちに提示する学習会話の中心スキルの前提として、問いかけられる内容について知識があり、それを伝えあうための言葉を身につけておく必要があることを指摘しておきます。ここでいう「内容」と「言葉」は、完璧なものでなくてもよいのですが、会話を成立させるためにはある程度の知識や技能が必要だというものです。

よく分かっていない内容や、生徒のレベルにあっていない内容について話し合わせても充実した会話はできません。たとえば、「先天的かつ総合的な判断は、いかにして可能かという問いに対するカント（Immanuel Kant, 1724～1804）の考えについて、彼が『純粋理性批判』で論じたように評価せよ」という問いかけについて話し合うようにと求められたら、あなたはどのように思いますか？　仮に、あなたがこの問いかけに答えたいと思ったとしても（あなたはいったい誰？）、発言のタネとなる情報を得るために本や論文をたくさん読むことになるでしょう（それがドイツ語で書かれていたら、さらに時間を要します）。

学習会話を取り入れていくためには、教師は教える内容と方法を変える必要があるかもしれません。もし、テストでよい成績をとることを目的にしてこれまで指導してきたのであれば、暗記するためのものとして知識を捉えるのではなく、会話においていかされるように変えていく必要があります。

一例を挙げるなら、アメリカ南北戦争を題材にテスト対策として指導しているのであれば、中心的な要因、人物、出来事を生徒は一つ一つ暗記していくでしょう。しかし、奴隷制と州の権利のどちらが戦争の要因であったのかについて話し合うことを目的とすれば、生徒は異なる方法で学習し、考えを整理する必要が出てきます。

出来事を原因と結果の順序に並べる代わりに、両方の主張についての根拠を積みあげ、どれが重要であるかを決める必要があります(6)（第3章を見てください）。すなわち、会話を通して考えをつくりあげるために、必要な内容と言葉を学ばせるということです。

（5）試しにICレコーダーを二つくらい用意して、一日五分でも一〇分でもよいので録音して、放課後に聞いてみてください。生徒が、何をどのような言葉で言い表そうとしているのか、どのように話し合いをしているのかが見えてきます。このような取り組みが、彼らの話し合いや内容の理解度を高めるためにすべきことを考えるきっかけとなります。地道なことですが、もっとも効果的な方法の一つです。この手法で書かれた本が先に紹介した『言葉を選ぶ、授業が変わる！』と『オープニングマインド』で、とても刺激的な内容となっています。

（6）社会科での会話の重要性や実践については、『歴史をする』が参考になります。

彼らは、単に基礎的な質問や面接で答えるために学ぶわけではありません。会話をする際に活用できるように、事実や根拠、概念を学ぶ必要があります。そうすることで、会話の前後において生徒の学びの質は変わっていきます。

中心となる学習会話のスキル

充実した学習会話ではさまざまなことが行われます。そして、そのなかではたくさんの認知的、言語的、非言語的スキルの使用が求められます。ここでは、教科や内容にかかわらず、生徒の学習会話で用いられる中心的なスキルを紹介します。

図1-1に示すように、中心的なスキルとは、①考えをつくりあげる、②最初の考えを出す、③考えを明確にする、④根拠を用いて考えを支える、⑤討論において根拠を評価する、の五つです。[7]

何年にも及ぶ学習会話の実践と分析を通して、「考えをつくりあげる」がもっとも重要かつ必要なスキルで、もっともやりがいのあるものだということが分かってきました。とても重要なことですので、これについては第2章で詳しく述べます。

これらのスキルは、実際には二面的な用いられ方をします。すなわち、会話のなかでパートナ

図1－1　考えをつくりあげるための中心的なスキル

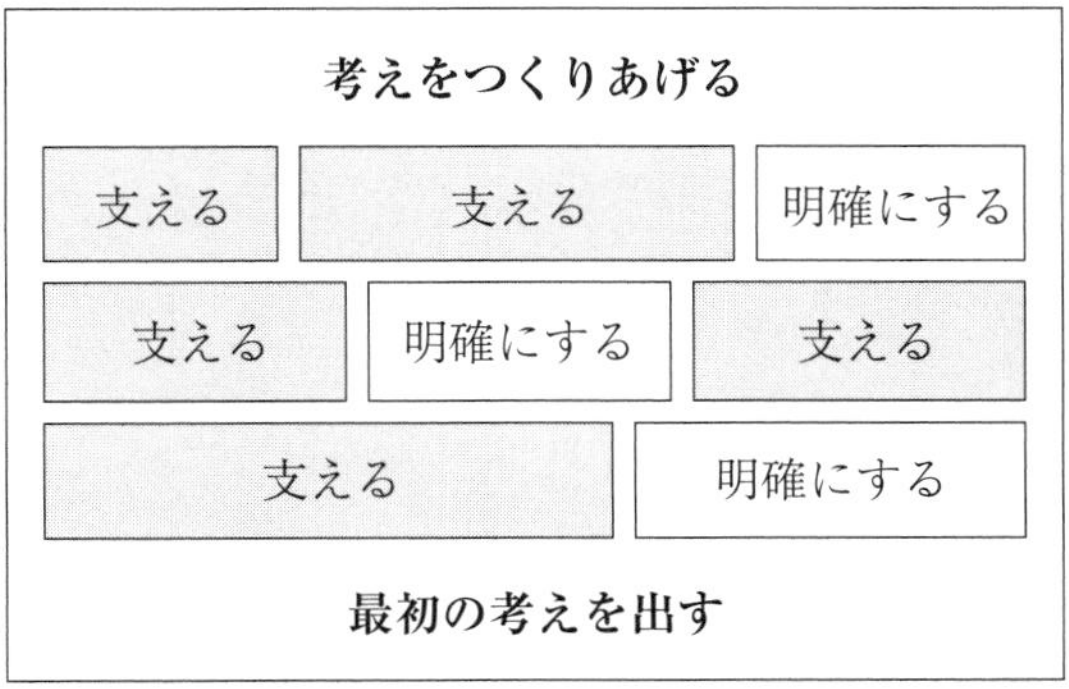

ーに対して、考えをつくる、考えを出す、考えを明確にする、考えを支える、評価して比べるのを促すといったこともありますし、パートナーから促されて、自分がこれらのスキルを効果的に用いる場合もあるという意味です。

会話におけるこれらのスキルの用いられ方としては、以下のような流れが典型的なものとなります。

まず、一つ以上の最初の考えを、はっきりとした理由をつけて出すことからはじめます。それから、生徒は考えを明確にしたり、考えを支える根拠や理由を探したりしながらつくりあげていきます。討論であれば、まず競合する両

---

(7)　ここでは五つのスキルが並列されていますが、このうちもっとも重要とされているのが「考えをつくりあげる」です。考えをつくりあげることは、学習会話を成立させるためのスキルの一つであると同時にほかの四つのスキルの目的でもある、という関係になっています。詳しくは、本章の「スキル1」の部分や、第2章を参照してください。なお、⑤のスキルについては、二三ページの**図1－2**で説明されています。

方の考えをつくりあげ、そのあとで評価と比較のスキルを用いて、どちらがより説得力があり、重要度が高いのかについて判断します。

スキル1　考えをつくりあげる

「考えをつくりあげる」というこのスキルには、**図1-1**を見れば分かるように、ほかのスキルも含まれます。会話においては、少なくとも一つの考えをつくりあげることが求められますが、そのために生徒は、考えをつくるプロセスに意識を向ける必要があります。

やみくもに、明確にするスキルや考えを支えるスキルを多用したからといって考えはつくりあげられません。建築現場の様子を思い浮かべてみてください。その状況とよく似ています。もし、梁《はり》や配管を入れるといったような全体図を描く人がいなければ、たくさんのスキルをもった労働者が協力しても、その建物は完成しないでしょう。

また、会話を自由な連想時間やブレイン・ストーミングとして捉えている人が多い場合は、出された考えを手当たり次第につなげるか、多様な考えをバラバラに共有するだけにとどまってしまいます。協働して考えをつくりあげることを目標としないかぎり、これらのやり取りは学習会話にはなりません。

一方、**図1-1**に書かれているスキルを使っているのに、それらが考えをつくりあげることにいかされていない会話を私はこれまでにたくさん見てきました。そのような会話に参加した生徒は、考えをつくりあげるために会話スキルを用いる、という意識が低いのかもしれません。それどころか、それらの会話スキルは成績をよくするためのアピールポイントである、と見なしている生徒さえいました。

たとえば、明日、生徒に根拠を示して考えを支えるように求めたとしたら、どれくらいの人が「これをすることは重要な考えをつくりあげるうえにおいて役立つ」と考え、どれくらいの人が「学校の授業だからしょうがない」と考えるでしょうか。

学習は断片的な知識を暗記することだ、といった古くて間違ったマインドセット(8)を変える必要があります。学習会話は、私が「考えをつくるマインドセット」と呼んでいるものを練習する重要な機会となるのです。

このようなマインドセットに向けての第一歩は、「考えをつくりあげる」とは何かを定義することです。考えをつくるためには、三つの中心となる会話スキルを使います。それは、①たたき

---

(8)　自分がもっている思考回路の癖のことで、そのもち方が、成功するか失敗するか（よい方向に働くか悪い方向に働くか）に大きく影響します。

台となる考えを出す、②考えやそれを伝える際に用いられた語句を明確にする、③根拠や事例、説明を用いて考えを支える、の三つです。

五年生の歴史の授業を例として示します。問いかけは、「ルイスとクラークは、探検隊[9]を率いるうえにおいてよいチームであったと思うか？」でした。会話のなかから、考えをつくる様子を見つけてみましょう。

---

(1) **A** 僕は、よいチームだったと思うよ。

(2) **B** どうして？

(3) **A** だって、クラークは自然について知っていて、ボートもつくれるよ。ルイスは医者みたいだし、それに……。

(4) **B** しかも、クラークは植物について何でも知ってるもんね。

(5) **A** そのことは、何の役に立つの？

(6) **B** 植物を食べなきゃいけないときがあるよね。でも、毒のあるものは食べないようにしなければならない。たぶん、薬になるものも探さなきゃならなかっただろうし。

(7) **A** さらに、ほかの人は別のことを知っている。

(8) **B** それって、ルイスのこと？

(9)　A　そうそう。
(10)　B　別のことっていうのは？
(11)　A　ルイスは地図が読めるんじゃないかな。
(12)　B　彼らは地図を持っていた？
(13)　A　すべての行程じゃないと思うけど、たぶん。
(14)　B　最初の部分だね。
(15)　A　おそらく、ルイスは地図の描き方を知ってたんじゃないかな。
(16)　B　そうだろうね。僕も、彼らがよいチームだったことに賛成だよ。

会話がはじまる前にはどちらももっていなかった新たな考え（ルイスとクラークはよいチームだった）を、協力してつくりあげていく様子を確かめることはできましたか。これが会話の力であり、魅力であり、その一方、秩序のなさでもあります。会話では、パートナー（もしくは教師）が計画していなかった方向に話が進む場合があります。時には、脱線して行き詰まってしまうこ

(9)　アメリカ陸軍の大尉メリウェザー・ルイスと少尉のウィリアム・クラークによって率いられ、陸路で太平洋に向かって探検をした二人のことです（一八〇四年～一八〇六年）。アメリカにおける最初の探検隊で、「ルイス・クラーク探検隊（Lewis and Clark Expedition）」として知られています。

ともあるでしょうが、うまくいったときには（本書では、そのような「とき」を増やそうとしています！）、しっかりとした価値のある考えを協力してつくりあげることができます。

第2章では、考えをつくりあげるスキルに焦点化し、生徒がその価値を実感し、上達させるための活動を紹介していきます。

スキル2 たたき台となる考えを出す

会話をはじめるためには、まずたたき台となる考えを少なくとも一つは出す必要があります。単なる事実（たとえば、ジョージ・ワシントン［George Washington, 1732～1799］は初代大統領である）を伝えただけでは、積みあげていくことはできません。一方、抽象度が高く、複雑で、意見を含んだ考えであれば、そこから、さまざまな「積みあげ」が可能となります（たとえば、トーマス・ジェファーソン［Thomas Jefferson, 1743～1826］はジョージ・ワシントンの裏切りを非難した）。

このような考えを起点につくりあげていくプロセスであれば、考えを明確にするスキルや考えを支えるスキルを使いながら、お互いが思考したり学んだりする絶好の機会となります。

ご存じのように、生徒はいつでも素晴らしい考えを出すことができます(10)。しかし、こちらもご存じのように、生徒はたたき台にはなりにくい考えをたくさん出します。それらは、単に事実を切り取っただけ、冗談、短すぎる回答、的外れなものである場合がほとんどです。そのため、たたき台として出したそれぞれの考えは、協力して練りあげていくだけの価値のあるものか否かを見極め、適切なものが選べる能力を生徒に身につけさせる必要があります。

また、討論の場合は、生徒は二つ以上の競合する考えを出し、すべての考えをつくりあげなければなりません。それぞれの考えを順々につくりあげていくという状態が望ましいわけですが、つくっている途中で浮かんだほかの事柄を付け加えたり、取り除いたりしてもよいでしょう。

スキル3　考えを明確にする

考えをつくりあげるうえにおいて極めて重要な会話スキルが二つありますが、「考えを明確にする」というスキルはその一つだといえます。明確にするとは、意味を共有し、全員を同じ土俵に乗せることです。そのためには、「それは私たちにとって何を意味しますか？」、「自由をどの

(10)　これは、教師の問いかけや場の設定の仕方次第といえます。このテーマに興味のある方は、『「おさるのジョージ」を教室で実現』をお読みください。少なくとも、教科書ベースの「断片的な知識を暗記する授業」では不可能に近いでしょう！

ように定義していますか?」、「もう一度言ってもらえますか?」などの、必要な情報を引き出すための質問をすることが大切となります。

このことから、考えを明確にするスキルの下位のものとして、語句や表現の意味を定義する「質問する」、「詳しくする」、「統合する」、「言い換える」、「吟味する」といったスキルを位置づけることにしました。

たとえば、詳しくすることによって、パートナーは考えの全体像や細部が理解しやすくなります。また、言い換えることで、パートナーの話のなかから注目すべき部分やさらに考えたい内容が明らかになります。そして、統合することは、それまでの会話で用いられたカギとなる考えや発話をまとめ、明確にするという働きをします。

時折、生徒自らが質問することを目標としている授業やカリキュラムに出合います。しかし、幅広い質問をすることが学習課題となっている授業であっても、尋ねたいことがあって質問しているわけではなく、質問するように求められているから質問をしているだけという状況が散見されます。あるいは、「彼は、犬に何の餌をあげた?」のような、些末で本題とのつながりのない質問を耳にしたりもします。

とくに学習会話においては、考えをつくりあげるために質問を用いることが大切となります。[11]考えをつくることにつながらないような質問は、なくしていくように指導しましょう。

スキル4 考えを支える

考えを支えるスキルは、事例や根拠、理由を用いて論証し、考えの説得力を高めることを意味します。これは、学校、会社、そして普段の生活において、効果的な会話をするためにとても重要なスキルだといえます。

たとえば、理科の時間では実験データを用いて結論の記述を支えることが求められます。歴史の授業では、一次資料を根拠に用いて、出来事の因果関係についての意見を支える必要があります。算数・数学では、主張や発見したパターンについての一般化を支えるために、数学的な考え方を働かせることが大切となります。そして国語では、読んだ小説のテーマを考える際、登場人物の言動についての叙述を根拠に用いて考えを支える必要があります。

とはいえ、根拠を用いて説得力のある表現がなかなかできないという生徒もいます。その原因として、用いる根拠をよく吟味せず、「それっぽいもの」を選んでいるということが挙げられます。(12)そのような生徒からすれば、根拠とは答えることであり、空欄を埋めることでしかないのです。

(11) この質問のより効果的な使い方についてさらに掘り下げたい方は、『たった一つを変えるだけ』と『質問・発問をハックする（仮題）』が参考になります。

そうではなく、できるだけすぐれた考えがつくれるようなマインドセットを育てる必要があります。たとえもう一冊本を読むはめになったとしても、それは最良の根拠を見つけだすことにつながります。

どうすれば生徒が根拠の説得力を吟味・検討できるようになるかについては、第3章で詳しく書きます。

スキル5 評価する、比較する、一つを選びだす

このスキルは、討論や決議の場面で、複数の競合する考えのどちらが有力であるかを決めるうえにおいて重要であると同時に必要です。**図1－2**はそのことを表しています。

学習としての討論は、熱中して取り組むだけに終わらせてはいけません（もちろん、活動に熱中することは学びにおいて欠かせません！）。生徒は、与えられた状況のなかで、どの考えや立場が最善であるのかについて客観的・合理的に決める方法を学ぶ必要があります。これは、「学校で携帯電話を生徒に使用させるべきか？」といった典型的な討論でも起こるでしょうし、「パーティーに参加すべきか、算数・数学のテスト勉強をすべきか？」といった選択肢から選ぶ場合においても同様です。

図1－2　協働して取り組む討論のモデル図

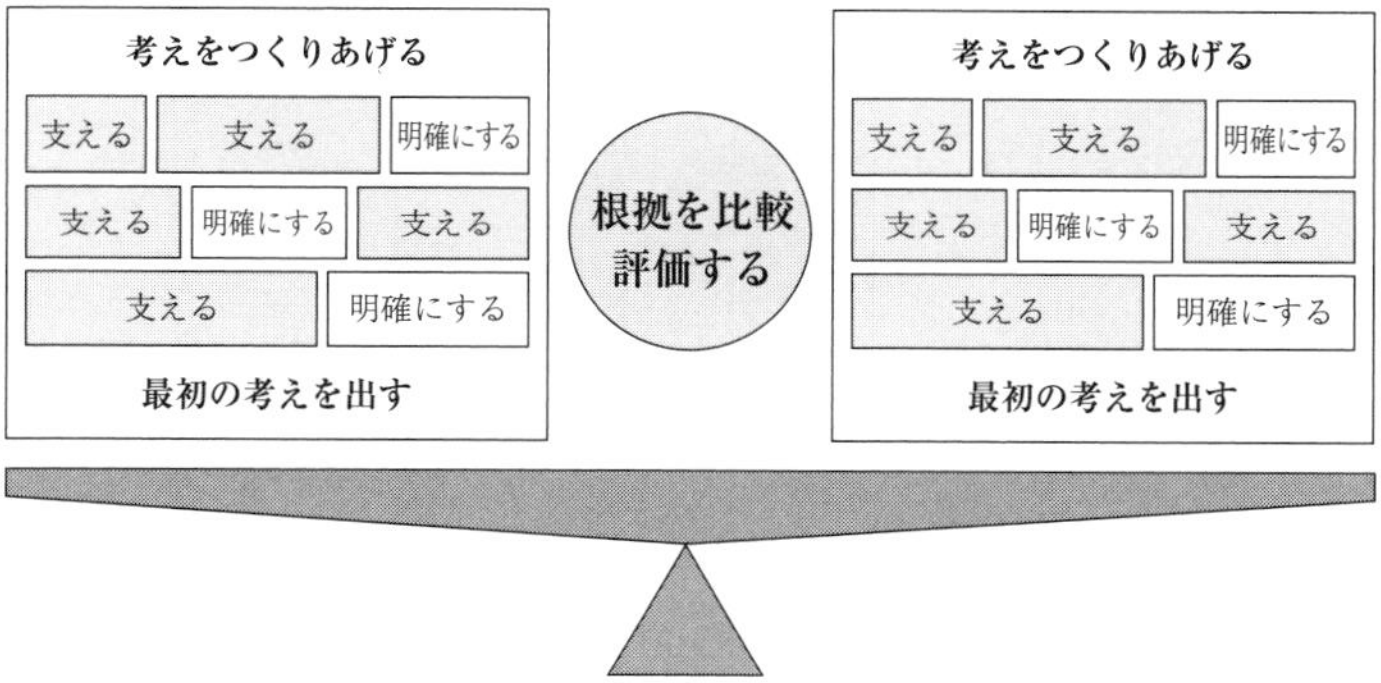

学校や生活での討論や選択が求められる場面では、まずは課題に対する両方の側面（二つ以上ある場合にはすべての側面）についての考えをつくりあげるべきです。そのうえで、どちらがより重要か、根拠がしっかりしているかについて検討しなければなりません。

学習において根拠を評価・比較できるようになるためには、判断や基準の用い方について学ぶ必要があります。基準とは、根拠に価値を与えるのを可能にする項目やカテゴリー（分類）のことです。そのなかには、評価しやすいものもあります。たとえば、健康リスク、二つの異なるプログラムの金銭的コスト、異なる研究による統計データといったものです。

一方、はっきりしないものや、生徒間で判断の違いが生

(12)　深く根づいてしまっている生徒のマインドセットは、教師たちが習慣として生徒にやらせた結果なのです。したがって、教師のやり方さえ変えれば、生徒の考え方も変えられます。

じてしまう基準もあります。たとえば、倫理観や先入観、心理的効果、短期的な利益か長期的な利益かといったものです。もちろん、課題に対するそれぞれの価値観や感情は基準の使用に大きな影響を与えます。

具体的に見ていきましょう。以下の会話は、「ペストの流行は、全体としていえばヨーロッパの発展のためによかったのか、悪かったのか」について、二人の七年生が判断しようとしている場面です。二つの考えをつくりあげ、それから評価しています。[13]

---

(1) A じゃあ、よい面からまず考えていこう。
(2) B ルネッサンスとか。
(3) A それって何だっけ？
(4) B たくさんの芸術や科学が生まれたときのことだったと思うよ。描かれた絵画を思い出してみてよ。
(5) A ああ、いい作品ばっかりだった気がする。この資料には、農奴制《のうどせい》が終わったって書いてあるよ。
(6) B 何それ？
(7) A 農奴とは、奴隷みたいな貧しい労働者だよね。彼らは、主人の土地のためだけに働いていて、食べるものも少ししか手に入らなかったと思うよ。そんな感じかな。

(8) **B** じゃあ、終わったのはいいことだったんだね。彼らは、お金を得るために働けるようになったんだ。

(9) **A** うん。悪い面って何だろう？

(10) **B** ええと、たくさんの人が死んだよね。

(11) **A** 本当にひどいことだよね。それで、ここには神を信じなくなった人が出てきたって書いてあるよ。

(12) **B** なんで？

多くの教室では、比較して評価することがほとんどないのですが、この二人はペストの影響についてしっかりと評価をしています。多くの会話においてこのような姿が見られない原因としては、考えをつくりあげる途中で時間切れになってしまう場合や、最後の評価まで集中力が続かないといったことが挙げられます。

---

(13) アメリカでは、高校の四年間（九年生～一二年生）が決まっているだけで、中学校以下は州や教育委員会によってさまざまです。小中一貫だったり、七～八年生だけが中学だったり、六～八年生が中学だったりします。したがって、日本の表記にすることができないため、一二年間を通した表記としました。

ここに挙げた事例の会話では、生徒は基準をはっきり言っているわけではありません。それでも、彼らは死者数といった基準が、ほかの奴隷の減少やルネッサンスなどの基準よりも重要であると考えられたようです。

また、彼らが自分の意見を述べることから会話をはじめていない点にも注目してください。意見を出して会話をはじめてしまうと、その意見を守ろうとしたり、固執してしまったりします。そして、多くの場合、討論で勝つことに専念してしまうといった状況に陥ります。

それとは反対に、最後まで自分の意見を保留しておき（少なくとも、心の中にとどめておく）、両方の考えをつくりあげることから会話をはじめた場合は、両方の側面についてしっかり理解したうえで、最終場面での客観的な判断が可能となります。また、会話のなかで、過度な競争意識によってほかの人を言い負かすようなこともありません。(14)両方の考えが十分につくりあげられるまで、自分の意見をできるかぎり保留させるとよいでしょう。

前掲した**図1－2**から分かるように、このスキルは考えをつくりあげるといったもっとも重要なスキルを促すことになります。考えを客観的に評価して、一つを選択すれば、両方の考えをさらにつくりあげられるからです。競争意識をもちすぎなければ、一つの考えをつくることだけに精力を注がなくなります。

ジェスチャーで五つの会話スキルを強化する

中心となる学習会話スキルを生徒が思い出して使えるようにするための効果的な方法として、ハンドジェスチャーを教える場合があります。会話のなかで、実際にこれらのジェスチャーを用いることもできますが、心の中だけで使うようにしてもよいでしょう。(15)

・考えをつくりあげるスキルは、レンガを積むように、片方の手を反対の手の上に繰り返し置きます。

---

(14)　生徒の発達段階によっては（とくに小学生の場合）、「保留」が難しいという面があるでしょう。しかし、自分の意見をいったん「保留」するということは、これからの社会を生きていく生徒に取り組ませたいと私たちは考えています。このことは、対立型・選択型の話題をイメージすると分かりやすいと思います。たとえば、「給食をやめて弁当にするか否か」という話題だとしたら、多くの生徒は直観的にどちらかを選んでしまいます。そうすると、自分の意見を説得するモードに入ってしまい、クリティカルな判断がしにくくなります。ここで筆者が言いたいことは、もし自分のなかに意見が浮かんだとしても、公平に比較し、客観的な判断ができるまで意識的にとどめるようにしようということだと考えられます。第3章を読むと、このあたりのことがよく分かりますし、とても参考になります。

(15)　教師が各スキルの説明をする際に、このジェスチャーを使いながら話すのもよいでしょう。ただ、年長の生徒には、ジェスチャーを無理に使わせることは避けたほうがよいかもしれません。あくまでも五つのスキルのイメージを高め、記憶にとどめることが目的であると考えてください。

・考えを出すスキルは、片手を前に出し、手のひらを上に向けます。
・考えを明確にするスキルは、両手を目の前に持っていき、手のひらを外にしてから、手と指を広げます。
・考えを支えるスキルは、考えを出すスキルのジェスチャーをしてから、もう一方の手の五本の指を下向きにして乗せます。ちょうど、五本足のテーブルのようにです。時々、私は、一本の指だけで支えたらどうなるかを示しています（ふらついて落っこちるでしょう）。
・評価する・比較する・選択するスキルは、腕を横に広げ、手のひらを上げ、天秤のように上下に動かします。

五つの会話スキルに加えて大切にしたいスキルや考え方

核となる五つの会話スキルはもちろん重要ですが、そのほかにも会話の学習効果を高めるうえにおいて重要なスキルや考え方があります。ここでは、アクティブな聞き方、焦点化した話し方、クリティカルで創造的な思考、学習内容の活用、頭の中での並行作業、非言語的な手掛かりの活用について紹介していきます。

アクティブな聞き方のスキル

アクティブな聞き方とは、ほかの人が言っている内容を理解しようと努めること、会話全体を捉えること、言葉以外の意味にも意識を向けること、出された考えを記録すること、そして話し手の語調やボディー・ランゲージを解釈することです。

聞くという行為は、とても頭を使います。とくにペアで会話をしているときは、しっかり聞く必要があります。よく聞くという習慣を育てることによって、考えをつくる力がますます高まっていきます。

もし、パートナーと考えをつくるのではなく、互いの話を何となく聞く程度のかかわり方を生徒がしておれば、それは会話というよりは内容のない雑談になってしまいます。ですから教師は、考えを明確にすることや、考えを支えること、根拠を評価することにつながる聞き方（およびそれらの必要性）をモデルで示して、伸ばしていくように支援する必要があります。

本書で紹介しているさまざまな活動は、いずれも会話におけるアクティブな聞き方を高めるための支援となっています。

焦点化した話し方のスキル

焦点化した話し方とは、言葉やそのほかの伝達手段を使用して、パートナーに重要なメッセージを伝える方法のことです。そのためには、十分な声の大きさやはっきりした発音で話す必要がありますし、同じ土俵で会話ができるように、共有している情報を用いて話すことが有効となります。

焦点化した話し方は、ジェスチャーや表情、特定の語句や文の強調、さらには図や映像（ビジュアル的な要素）の活用などによって支えられることが多いという一方で、文法や語句の完璧さは求められません。

適切な量で話すことも、焦点化した話し方にとっては大切です。しかし、実際には、質問への答えや考えの共有をする際、ほんの少ししか話さない生徒のほうが多いというのが現状です。もっと話すべきだと分かっていても、課題に対してやる気が起きないために話さないという生徒もなかにはいるでしょう。

ところで、大部分の生徒が、明確に伝えるためにはもっとたくさん話す必要があるということを認識していません。教師およびクラスメイトの役割の一つは、適切な量を話す様子をモデルで示し、もっと話すように相手に働きかけることです。自分が必要だと思っている量よりも、たくさん話すように促していきましょう。とくに、考えを表現するために特別な練習を必要とする生徒には、励ましてたくさん話せるようにしましょう。

適切な量を話すといった習慣をつける方法として、制限時間のなかで、問いかけについて話し手が話し続ける様子を聞き手が意図的に待つという活動があります。たとえば、「三回連続ペアトーク」（六七ページを参照）と「長所と短所を即座にスイッチ」（一二三ページを参照）という活動では、一方の生徒が一定時間話し続け、他方の生徒がそれを聞き続けるというルールになっています。

もし、話し手が「動物園は動物にとってよくない」と言ったあと、終了時間になっていないのに突然話すのを止めたら、聞き手は話し手が再び話しはじめるのを静かに待ちます。それでも話し手がずっと黙っているようであれば、聞き手は次に挙げる三つのなかからどれかを選んで行うとよいでしょう。

❶考えや語句を明確にする質問を出す。「『よくない』ってどういうこと？」

❷考えを支える理由や根拠を求める質問を出す。「動物園が動物によくない事例というのは何？」

❸話し手が自分の言葉にできるような考えのきっかけを提供する。「動物が運動していないことについてはどう思う？」

クリティカルで創造的な思考スキル

周りの世界や、自分たちの居場所、生活上の問題を解決する方法について考えるうえで、すでに生徒はクリティカルで創造的な思考スキルを用いています。たとえば、画像を分析して比較する、テレビ番組の面白さを評価する、両親にどこかへ連れていってもらうために説得する、友達の言動の意味を解釈する、兄弟に共感する、インターネットで学んだビデオゲームの必勝法を応用するなどです。

生徒が日常生活のなかですでに用いている思考スキルを、学校での教科学習のために活用し、発展させていく必要があります。そのためには、思考スキルが活用できる環境を設定し、どのようにいかせばよいのかについて教師がモデルを示すなどして、学習の場でうまくいかせるようにサポートしなければなりません。

以下に示す五年生の話し合いから、思考スキルが用いられている様子を見てみましょう。これは、フランシスコ・ヒメネス（Francisco Jimenez）が一九九七年に著した『この道のむこうに』[16]に収録されている「サナギが蝶へ」を読んだあとのやり取りです。

教師は、この話のテーマについての考えを共有するように求めました。また生徒は、物語の象徴的な存在は何か、それがテーマをどのように引き立てているのかについて話し合いました。

表１－１　国語科で用いる思考スキル

分析する	作品内の重要な要素や仕掛けを調べる。
比較する	登場人物や物語内の出来事、作品間の共通点を見つける。
因果関係を捉える	出来事と登場人物の変化の因果関係を推論する。
共感する	登場人物や作者を理解する。
統合する	文学作品やジャンルを調べて、重要なアイディアを考えだす。
解釈する	文学の仕掛け、テーマ、暗喩《あんゆ》を解釈する。
評価する	文章のクオリティー（質）や作者の工夫について評価する。
伝える	自分の考えや思いを相手にはっきり伝える。

（＊）原著では、他にも理科や社会、歴史についても載せられており、教科にかかわらずこれらの思考スキルが重要であることが示されています。翻訳版では、前後のつながりを分かりやすくするために、国語科における思考スキルのみを載せました。たとえば、社会科で掲載されている思考スキルは、分析する、仮説を立てる、解釈する、統合する、因果関係を捉える、共感する、比較する、です。

(1) **A**　（テーマは）辛抱強く待つことだと思うんだ。その状況を象徴するのが幼虫じゃないかな。

(2) **B**　もう少し説明してくれる？

(3) **A**　幼虫はただ周りを這い回るだけでしょう。しかも、瓶に閉じ込められているよね。フランシスコも、同じように閉

(16) ヒメネスの自伝的小説です。原題は『The Circuit』で、メキシコからの移民家族が、貧しさや度重なる苦難に耐えながらも家族の絆や希望を絶やさずにアメリカで暮らしていくという物語です。邦訳書は、千葉茂樹訳で小峰書店（二〇〇三年）から出版されています。

じ込められているようなものでしょう。彼は人々と話をして幸せになるために、英語が学べるようになるまで待ち続けなければならなかったんだ。

(4) B　フランシスコが待ち続けていたから、幼虫みたいだと思ったってこと？　付け加えるね。彼は学校を辞めなかったよね。そして、先生が彼の絵を持っていってしまったときでも、彼は先生に対して大声を上げなかったね。

(5) A　そう、そして一等賞のリボンを手にしたとき、不仲だったあいつがフランシスコの絵をすごく気に入っていることが分かったんだ。その出来事がフランシスコを幸せにした。蝶のようにね。（間）君のテーマは何？

(6) B　君のとほとんど同じだな。一生懸命やることだと思う。

(7) A　なぜ、そう思うの？

(8) B　瓶を見たときやほかの子どもが彼を見たとき、フランシスコは怯えていた。でも、彼はとどまって、一生懸命英語を学んだんだ。

(9) A　そして、もう一つ努力したことは、学ぶために本を見たことだね。彼は学ぼうとしたけど、英語が読めなかったんだ。

(10) B　そう。だから彼は作品をつくった。彼は美しい絵を描くことに挑戦し、賞も取った。でも、幼虫でしょ？　たぶん、幼虫は一生懸命サナギをつくるんだ。

―⑾　**A**　それは、彼が蝶になるうえで必要なんだよね。

この会話では、いわゆる学習用語があまり見られません。ですが、これでよいのです。この二人は、抽象化して考え、複雑な文章を解釈するために協力しあいました。また、考えの根拠を示したり、ほかの場面につなげようとお互いに働きかけました。

これらのスキルを用いることは、さしあたり、発言のなかで学習用語や正しい文法を使うことよりも重要です。逆に、教師が生徒に発言の「型」を使うように課したならば、会話がぎこちないものになって途絶えてしまうかもしれません。まずは、生徒が考えを交流する機会をもち、自分にあった言葉を使って新たな考えを生みだすことにやりがいを感じるようにするべきです。学習用語は、生徒が学習に関連する文章やそれらに基づいた会話に没頭することを通して、徐々に用いられるようになっていきます。

学習内容の活用

これまでの事例を読まれて、学習内容を理解するうえにおいて会話が有効であると気づいたことでしょう。ですから、ほかの人と協力して考えをつくるために、その方法や各教科の学習での用い方を知る必要があります。と同時に、事実や概念を十分に理解し、教科特有のスキルを身につける必要もあります。

これには、学習内容をどのように学んだかが大きく影響してきます。そのため教師は、学習している内容やスキルを「活用されるもの」として意識するように促していき、それらを主体的に活用し、調整していけるようにしなければなりません。

会話で用いられる内容は、できるだけ正確で本当のことであるべきです。効果的な会話についての格言の一つに、「人々は故意に誤ったことを言ってはならない」〔参考文献12〕というものがあります。学習会話においては、本や文章を参照すること、先入観や偏見を除いてクリティカルに思考すること、そして真実を追い求めることを、生徒が継続的に意識できるようにしなくてはいけません。

頭の中での同時並行作業

大きなビルを建てているたくさんの建築作業員のように、学習会話のなかで脳は多くのことを同時並行で行っています。たとえば、以下のようなことです。

・話すことを決めるために、パートナーが何を言っているのかを聞いて処理します。

- パートナーがどのような新しいアイディアを付け加えたのかについて考えるとともに、それらにどのような価値があるのかを考えます。
- パートナーの話の明瞭さを判断しながら聞き、同時にパートナーが言ったことをさらに明確にすべきかどうかを検討します。
- パートナーが言っていることを聞きながら、付け加えられそうな事柄や関連する内容、根拠についても考えていきます。
- 関連のないことや不適切な考えを取り除きます。

そして、次の自分の発言時に、より明確にするにはどうすればよいかと思案します。あるときには、理解を確認するために、パートナーが言ったことをどのように言い換えるのかについて考えるでしょう。また、時には、パートナーが言ったことに対して最大限の敬意をもって反論するかもしれません。

重要なのは、一つ以上の考えをつくることを目的として、これらの発言がされるということです。そのような目的がなかったら、クラスで学ぶ貴重な時間や会話の活力は無駄になってしまうでしょう。

さらに、どのくらいの長さの会話が適切であるかについて生徒がちゃんとつかんでいることも大切です。現実の様子を見ると、まだ十分に考えがつくられていないのに短時間で終えてしまうといったケースがほとんどです。それが理由で、会話を拡張させるためにさまざまな「会話カード」を用いる教師もいます（五三ページのビルディング・カードや、二六五ページのサイレント・コーチング・カードを参照）。あるいは、第三者的な立場で話し合いを観察する「コーチ」を配置して、考えがつくられる過程を記録するといった教師もいます（第2章と第6章を参照）。

これらを活用する場合においても生徒の様子をよく観察し、会話カード（たとえば、質問カード、明確化カード、サポートカード）を使って発言することが教師の評価を得るための行為になっていないかどうかを確認するようにしましょう。

「どうしたら、この初めの考えを可能なかぎり明確で、強固なものにつくりあげられるだろうか？」と、生徒が考え続けることが重要です。第6章では、このようなマインドセットを育てるためのアイディアを紹介しています。

非言語的な手掛かりの活用

対面的なコミュニケーションの大部分は非言語的なものです。(17) 生徒は、非言語的な手掛かりを適切に用いる必要があります。それは、アイコンタクトやうなずき、ジェスチャーなどであり、パートナーと効果的に話したり聞いたりするときに用いられます。

これらを効果的に活用しようとするなら、さまざまな種類の人たちとの会話に没頭しましょう。たしかに、教師がこれらの手掛かりのモデルを示したり、生徒の会話のなかで指導することも大切ですが、実際の会話のなかで生徒が用いたり、他者の非言語的な手掛かりを解釈するための練習機会を十分に提供する必要があります。

会話のための問いかけ(18)を洗練させる

学習会話を取り入れる際、より良い問いかけを設定するための方法を尋ねられることがよくあります。たぶん、問いかけが会話の質を大きく変えるからでしょう。

多くの教師が十分すぎるぐらい知っているように、指導書などに示された発問例をそのまま取

(17)　非言語の「ボディー・ランゲージ」が占める割合は五五パーセントとされています。もし、声の調子などの言葉以外も含めたら、なんと九三パーセントです。「非言語コミュニケーション」で検索してください。

(18)　ここでの「問いかけ」(ないし「投げかけ」)は「prompts」の訳です。「発問」とすると、教師主導の授業スタイルが想起され、誤解が生じる可能性があるために避けました。四三ページの**表1－2**を見ていただければ分かるように、私たちがよく用いる「話題」に比べて、指示などといった情報が多く含まれています。

り出して、それらを「問いかけ」として用いるのはあまり有効ではありません。最初のアイディアを提供するかもしれませんが、実際に用いる問いかけは教師自身が工夫して設定するべきです。なぜなら、目の前の生徒が何を知っているのか、何を知る必要があるのか、何に興味があるのか、会話のスキルを大事にしながら何に取り組む必要があるのか、といった彼らの実態を理解しているのは、直接かかわっている教師だけだからです。

以下に、効果的な会話のための問いかけが備えている三つの特徴を挙げます。状況に応じて、問いかけを改善するために使ってください。

❶問いかけには、授業や単元のねらいに即して一つ以上の考えをつくることを求めるような魅力的な目的をもたせます。たとえば、「数分間、本や文章について話し合いなさい」と言ったとしても、生徒が熱心に話し合うことは期待できません。ほかの人と話し合う必然性を生徒が感じれば会話に向けた活力が生まれ、効果的なやり取りとなります。そのためには、会話を通して考えの再構成や選択をする、つくりあげた考えを実際にいかすといった何らかのゴールを設定する必要があります。以下のような動詞の使用が考えられます。

賛成する、つくる、明確にする、議論する、決定する、並べる、優先順位をつける、思いつく、解決する、評価する、結びつける、比べる、選ぶ、強化する、組み立てる、検討する、変換する

❷互いに情報を共有することを求める問いかけを設定すれば、話し合う必然性が生まれます。通常、会話は課題解決過程の一部ですから、生徒は一人で考えるよりもほかの人と考えることでより課題に取り組むようになります。多様な知識や考え方、スキルを生徒が持ち寄り、共有につながる問いかけを設定します。

問いかけを読んだあと、「〜のために、できれば何人かの友達と一緒に考えたい」と生徒が思うような内容にしたいものです（教師であるあなた自身が、もし生徒だったら、その問いかけに魅力を感じて話し合いをしたいだろうかと考えてみてください）。

❸効果的な会話のためにすべきことが生徒に伝わるように、問いかけは明確な期待や指示を含んだものにします。これにより、単なる質問よりも問いかけのほうが長くなるケースが多くなるでしょう。どのスキルを用いるのか、最終的にどのようにまとめるのかなど、生徒が考えをつくりあげるうえにおいて必要な情報を含めるとなおよいでしょう[(19)]。

もっとも効果的な問いかけは直前までできません。教師用の指導書などに発問のサンプルが掲

(19)　翻訳協力者から、「この部分がいつもうまくできません。『明確な期待や指示』が誘導・予定調和につながらないか、自由な思考を阻害しないか、と恐れるあまり、あいまいな問いかけになってしまい、生徒を混乱させています」という感想が寄せられました。本文で次に書かれている方法が参考になります。

載されていますが、生徒が主体的に取り組むには難しかったり、単なる文章理解を確かめる質問になっている場合が多いものです。

よい問いかけは教師としての知識から生まれます。その知識とは、受け持っている生徒にはどのような特徴があるのか、学習として何に取り組む必要があるのか、どのようなことに興味をもっているのか、といったものです。

このような考え方からすれば、指導書などが目の前の生徒に最適な問いかけを示すことは難しいでしょう。指導書などの作成者には、あなたとは違って、個々の教室における生徒の背景知識に応じた問いかけをつくることが不可能だからです。

表1－2の左側にある問いかけは、効果的な問いかけとなる三つの特徴のうち、一つ以上が欠けています。私たちも、最初のうちは左側にあるような不完全な問いかけを多く設定していました。この表をもとにして、不完全な問いかけに三つの特徴を取り入れて、効果的な問いかけに変えていくのかについて見ていきましょう。

表の右側に記した例からも分かるように、効果的な問いかけは、あまりオープンにしないで、知っていることを共有し、パートナーとともに考えがつくれるようになっています。作成するために労力を必要としますが、このような方法で問いかけを洗練させていくことで生徒の会話に望ましい変容が見られるでしょう。

表1－2　不完全な問いかけを効果的なものへと洗練させた事例

効果的ではなく、不完全な問いかけ	効果的な問いかけ
会話を通して、物語から浮かんできたテーマについて話しなさい。	・この本の主人公から、読者は何を学ぶべきだと思いますか？ ・どうしたら私たちはより良い人間になれると思いますか？ ・物語の一部を用いて、自分の考えを支えましょう。
ホッキョクグマについてペアで説明しあいなさい。	・ホッキョクグマは、あのような生息地で生きるためにどのような適応をしたのでしょうか？ ・「もし、ホッキョクグマが……じゃなかったら、おそらく生きてはいけないと思う。なぜなら……」といった表現を使ってみましょう。
この算数の問題と解き方を話し合いなさい。	・パートナーとともに、この問題を解く方法を二つ考えなさい。そして、どちらの方法を選ぶかについて、「なぜ」の質問を使って尋ねあいましょう。
有名な歴史上の人物について読んだ内容を、会話を通して要約しなさい。	・パートナーと一緒に、歴史に名を残す有名人になる方法の説明を考えなさい。 ・私は有名になりたいです。何をすればよいでしょうか？　何を言う必要がありますか？ ・どんな個性をもつ必要があるでしょうか？ ・読んだ話を使って考えましょう。パートナーの発言が短い場合には、それを明確にするための質問をしましょう。

表1－2以外にも、次のような問いかけを参考にしてください。

・この物語にはいくつかのテーマがありますが、四年生のみなさんに関係が深いものはどれでしょうか？　とくに重要なテーマを二つ選び、物語のなかから根拠を見つけながら両方の考えをつくりあげてください。そのうえで、あなたたちの世界をより良くするためにはどちらがより必要であるかを決めてください。（国語）

・音速を測る方法について意見をまとめましょう。実験方法をいくつか考案し、それぞれの利点や予測を正確に評価したうえで、より詳しく説明したいものを決めなさい。（理科）

・まず、この問題を解く二つの方法を話し合い、それらを比較し、将来、これと似た問題を解くときにはどちらを用いるのかについて話し合ってください。会話のなかでは、あなた方の手順を正当化するために数学的思考を使いましょう。（算数・数学）

・よい友達の条件（性質）を順序立ててみましょう。まずはリストに書きだして、それからどれが一番重要であるかを決定しましょう。二番目、およびそのほかはどうでしょうか。ほかのものと比べて、なぜ一番重要だと考えるのかについて説明できるようにしましょう。また、あなたやパートナーがほかの人とよい友達になるために取り組まなくてはならない条件について話し合いましょう。（道徳）

・博物館プロジェクトに向けて、出土品の重要性や、その時代の人々が私たちに語りかけてくるものを明確に説明できる方法をパートナーと協力して決めましょう。その出土品はどうして重要なのですか？　また、そこから考古学者は何を見いだしましたか？　これらについて議論をして、最後のプレゼンでまとめなさい。（社会や総合など）

学習会話について、「ちょっとした答えを言って、ペアで互いに聞くぐらいの交流」だと生徒が考えていたら、私たちが求めるような本物の会話は起こりません。ですから、生徒が熱中するような問いかけを用意して、パートナーと考えあうことを経験させていきましょう。そのような積みあげを通して、考えをつくるプロセスにおいて会話が重要な局面をもっていると実感できるようにすることが大切です。[20]

まとめ

会話は多様であり、不完全で、まとまりのないものとなる場合が多々あります。いつも同じように行われるわけではありませんし、多くの精神的な労力を必要とします。ですから、会話を通

(20)　教師による「問いかけ」や「投げかけ」に興味のある方は、『言葉を変える、授業が変わる！』がおすすめです。

して考えをつくるよりも、定義や穴埋めの答え、事実や文法を単に記憶する学習のほうがはるかに簡単です。しかし、学習会話が生徒の学力形成において不可欠であることはすでに明らかになっています。［参考文献1］

人々の間で会話を価値づけることによって、いかに学び、いかに生きるかについての見方が育っていきます。他者と話すことで学び、考えをつくり、意思決定することの価値を理解したとき、生徒の学習観は拡充されます。しかし、そのためには多くの学習と練習が必要です。次章以降では、会話をレベルアップさせるための学習方法を紹介していきます。

第2章 考えをつくりあげるための会話スキル

今こそ、生徒一人ひとりの頭の中の考えを、大都市のようなネットワークに育てあげるときだ。

ある生徒が、教師に対して次のように言ったとしましょう。

「私は、いつまでも生きていたいとは思わない」

「ガソリンのエネルギーは太陽から来ている」

この二つのうち、しっかり考えていると感じさせるのはどちらでしょうか？　私としては、もう少し彼らの言葉を聞いてみたいところです。

いずれにしても、ここで私が問題にしたいのは、こうした短い一文やひと言だけの発言に生徒は満足しているのだろうか、という点です。そして、残念ながら、通常の場合は満足してしまっているのです。ここに、学校での充実した会話を妨げる大きな問題があります。会話の相手が、短い説明だけを聞いて、それ以上考えを練りあげる必要はないと見なし、「賛成」とか「そうだね」

といった段階で会話が萎《しぼ》んでしまうのです。

しかし、それは生徒のせいではありません。授業時間やテスト時間がかぎられている学校こそが、考える時間を短くし、最小限の短い答えを出すように「指導」しているのです。また、スタンダード（日本では学習指導要領）には大量の指導事項が載っているため、カリキュラム作成者や教師はそれを網羅することに追われており、考えを結びつけたり、強化したり、つくりあげたりする活動に取り組むだけの余裕がありません。(1)

要するに、生徒に個別の知識を単純に積みあげさせていくほうが簡単なのです。さらに、成績において期末試験などが占める割合が高いことも、このような多肢選択式の設問を積みあげるといった方法に拍車をかけています。

本書では、「考え」という用語を幅広く捉えています。アイディア、概念、主張、仮説、テーマ、解決方法、プロセス、パターン、結論、説明、詳述、解釈、そして大きな疑問に対する答えなどです。考えの内容は、学習として意味のあるものであれば何でもかまいません。ただし、それを「考え」と見なすためには、詳しい説明を加えて明確にしたり、根拠を挙げて支えたりするなど、複数の文を用いて分かりやすく表現されている必要があります。

考えは暗記とは違うということを、生徒は（まずは教師が！）理解しなければなりません。考えは時間とともに変化し、進化するものです。考えは、造形したり、補強したり、剪定したりすることができます。そして、学校の壁を越え、卒業式という節目も越えて生き続け、成長していくものです。

考えは、より小さな考えで構成されていたり、より大きな考えの一部になったりする場合もあります。その考えは、さまざまな方法で多様な人に伝えることができます（そして、多くの場合、伝える必要があります）。

たとえば、ある五年生が、「歴史教科書は一次資料に基づいた二次資料であり、その多くは偏っている」という考えを組み立てはじめたとしましょう。この生徒は、教科書の正確さや一次資料の書き手の動機について疑問を提示するでしょう。また、その回答で得られた考えを明確にしたり支えるために、さらに質問することによってこの考えを練りあげていきます。また、この学びは、ニュース記事を読むときに応用されるといった形で、この生徒を生涯にわたって支えていくことになるでしょう。(2)

考えをつくりだすことに取り組んでいる生徒は、ちょうど「鶏が先か卵が先か」という状況を

(1) 日本の学習指導要領には、それほどたくさんの指導事項は載っていません。教科書になった段階で増えています。したがって、日本の場合は、教科書にではなく学習指導要領により忠実になれると教師も生徒も肩の荷を軽くすることができます！

経験しています。一人であれ、クラスメイトとであれ、考えをつくりだす豊富な経験がなければ、生徒は「考え」そのものと、それをつくりだすことに価値を見いだそうとはしません。しかし、「考え」そのものと、それをつくりだすプロセスの価値を認識すると、より多くの考えがつくりだせるようになります。

とはいえ、「暗記と多肢選択式」を中心とする学習観のなかでは、考えをつくりだすために頭を働かせるといった必要がほとんど生じません。したがって、学校の授業に関係する活動を多く取り入れて、学んでいる内容を大きく膨らませ、つながりを見いだし、数多く発言するように誘う必要がありますし、それによって学びに対する考え方を大きく変化させます。

このような考えをつくりだす活動について、生徒は協力して取り組むことによる実りの多さを感じつつも、精神的な負担（大変さや緊張感、ほかの人の視線など）から消極的になってしまう場合があります。

もちろん、こうした活動を大歓迎する生徒もいるでしょうが、興味や関心をあまりもてない生徒が多いため、教師としては気がかりなことでしょう。指導と評価を設計する際には、こうした生徒の反応を踏まえながら、クリエイティブかつサポーティブな授業を構想することが求められます。「この活動は私には荷が重すぎる」ではなく、「その活動ならもっと頑張る」という姿勢を引き出すのです。

教師や教科書からの問いに対して、「考えていることをより明確にして、根拠もしっかり見いだして、自分の考えを答えよう」と意識している生徒は、残念なことにほとんどいません。多くの生徒は、「当てられませんように。もし当てられたら、ひと言だけ言おう。何を言えばうまくやり過ごしてもらえるかな」とか、「成績を下げられたくないから、何かひと言だけ用意しておくか」と思っています。

生徒をステレオタイプ化しているわけでも、怠け者だと思っているわけでもありません。生徒はみんな学びたいと思っているのです。それなのに私たちは、指導事項が詰め込まれた授業、つながりのない授業、静まり返った授業、テストで点を取るための授業ばかりを行って、生徒のやる気を損なってきたのです。

それだけに、考えをつくりだす意義を生徒が理解できるようにする学習の開発は、根本的なことであり、刺激的な挑戦ともなります。私たちは、生徒が考えをつくりだす習慣と、それを可能

（２）残念ながら、日本の小学校の社会科の授業では、このような発言が五年生から出てくることは考えられないでしょう。しかし、生徒の思考や考えを大切にする歴史や社会科の授業は小学校でも可能です。『歴史をする――生徒をいかす教え方・学び方とその評価』と『社会科ワークショップ――自立した学び手を育てる教え方・学び方』を参考にしてください。両書とも、「社会科をする」ことと学習会話にあふれた実践事例が豊富に紹介されています。理科では、『だれもが科学者になれる！』が参考になります。アプローチは同じです。

にするスキルの育成をもっと重視しなければなりません。そのために本章では、考えをつくりだすのに必要とされる会話スキルを身につけるための実践的な方法を紹介していきます。

スキル1 考えをつくりあげる

一つまたは複数の考えをつくりあげることは、さまざまなスキルの育成につながります。会話のなかで協力して考えをつくりあげるために生徒は、相手の話に耳を傾け、ジェスチャーなどの非言語的な手掛かりを観察し、エビデンス（根拠や証拠）を評価し、明確さの欠如に気づき、それを明確にし、根拠を提供し、相手の発言を認める、といったことを行う必要があります。

最終的には、生徒一人ひとりが考えをつくりあげることに熟達し、パートナーと話し合うときにはいつでも考えを練りあげられるようになってほしいものです。「会話は創造的な作業空間である」と捉えて、そこに喜んで飛び込んでもらいたいのです。なぜなら、彼らは、今までにないものをつくりだすことには夢中になって取り組むからです。

と同時に、考えが部分的にしか形成されていないときの、「学習上の飽きたらなさ」をもってほしいと思います。このような感情こそが、自分自身や周りの人々に働きかけて、できるかぎり強固で明確な考えをつくりあげる行為へと向かわせる原動力となります。たくさんの願いを書き連ねてしまいましたが、これらはすべて実現可能です。

アクティビティー（2-1）ビルディング・カード

会話のなかでカードを使い、文字どおり考えをつくりあげていく活動です。カギとなる三つのスキルが、どのように連携して考えの説得力を高めているのかについて確認することができるので、さらなる明確化や理由づけを促したり、欠けている要素を理解したりする際に効果的といえます。たとえば、「支えるカード」だけがわずかに残ってしまった場合には、その考えを支えるために、より多くの根拠をリクエストし、共有する必要があります。進め方は次のとおりです。

①**学習会話をするための「問いかけ」を作成する**——学習内容に関連する考えをつくりあげられるような適切な「問いかけ」を設定します。問いかけは、単元の中核となる問いや学習指導要領などをもとに設定しますが、なるべく考えを明確にしたり支えたりするうえにおいて価値のあるものにしましょう（問いかけを作成する方法については三九〜四五ページを参照）。

②**三人組をつくり、ビルディング・カードを準備する**——三人組をつくって、話し手二人とコーチ役を決めます。コーチ役がカードを持ちます。「考えカード」三枚、「明確化カード」八枚、

図２－１　ビルディング・カードの積み上げ例

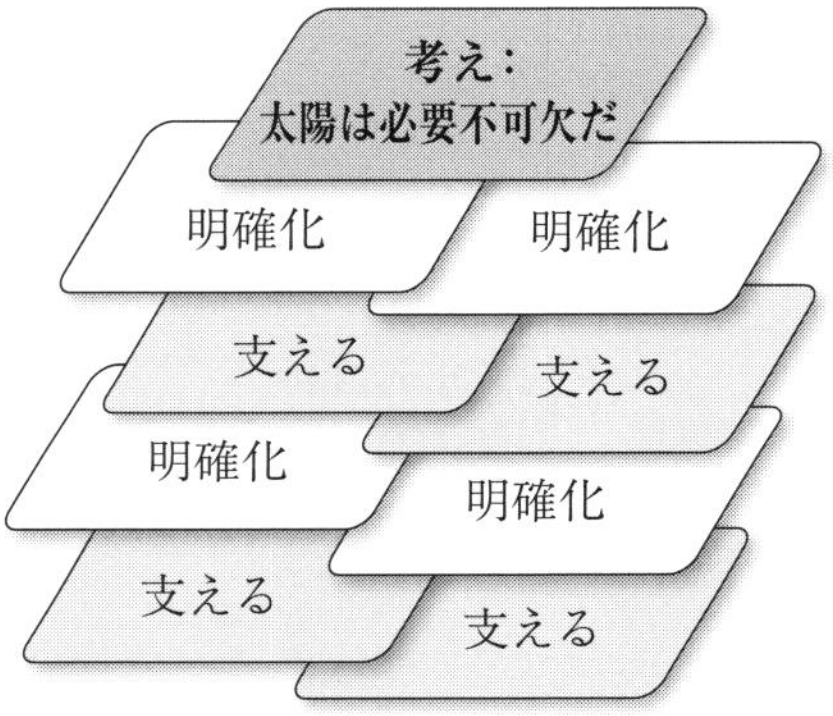

「支えるカード」八枚をコーチに配ります（カードの代わりに付箋を使ってもいいですし、立方体やブロックなど、三次元のものを使ってもいいです）。

複数の考えの間で討論する場合には、さらに「比較・評価カード」四枚をコーチに配ります。学年の後半になれば、ペアの一組ごとにカードを持たせてもいいですが、会話をしながらカードを動かすと余分な思考とエネルギーを費やしてしまうので、初めのうちはコーチ役を設定するとよいでしょう。

③問いかけに対する最初の考えを「考えカード」に書く——会話をはじめる前に、問いかけについて考えます。三人それぞれが、自分の最初の考えを「考えカード」（紫色）に書いていきます。

④会話を通して練りあげていきたい「考えカード」を一枚選んで配置する——話し手二人は、どちらの考えを練りあげていくべきかを判定して、合意します。つ

まり、より学習内容にぴったりで、会話のなかでつくりあげていく価値があるほうを選ぶということです。選んだ「考えカード」をスペースの上部に置きます。(3) 残った「考えカード」は脇に置き、必要であれば別の機会に使います。

⑤学習会話をはじめる——どちらかの話し手から、「考えカード」についての「明確にする質問」や「支える質問」をはじめます。可能であれば、コーチがその要点を聞き取り、「明確化カード」（ピンク）や「支えるカード」（ブルー）に簡単なメモ（二〜三語）を書き、「考えカード」の下に置きます。それが終わったら、今度はもう一方の話し手から「明確にする質問」や「支える質問」をします。

　コーチが再び新しいカードに簡単なメモを書き、「考えカード」の下に置きます。質問の内容と、その質問に対する応答の内容をそれぞれカードに記録します。カードのメモは、会話のなかで出てきた根拠、事例、明確化のつながりを見直すのに役立ちます。

　なお、「明確にする質問」に対して、事例を用いた応答がされる場合もあります。その場合、カードの色が食い違ってしまいますが、気にする必要はありません。二つのスキルは部分的に

（3）カードを配置する場所としては、自分たちの机の上を使ってもよいですし、カードを配置するための模造紙を用意してもよいでしょう。

重なりあっているため、ピンクとブルーのどちらを入れるべきか分からないことがあるでしょうが、そのときは「どちらを選んでもよい」とコーチに伝えます。考えを練りあげるのに有効な応答に対しては、どちらのタイプのカードを使ってもかまいません。

⑥**質問に対する答えが適切かどうかについて尋ねあう**――質問に対する答えを聞いたら、その答えが考えに対して適切な根拠となっているかどうか、うまく理由づけているかどうか、ぴったりの事例であるかどうかについて互いに尋ねあい、確認します。このやり取りにはどちらのカードを与えてもいいですが、私は「明確化カード」をおすすめします。「支えるカード」は、新規の根拠や事例が出されたときのために取っておきましょう。

⑦**会話を続けて「明確化カード」、「支えるカード」を増やしていく**――話し手は会話を続けます。コーチは、「考えカード」が高くなるように「明確化カード」や「支えるカード」をどんどん置いていきます。ただし、会話をするのは単にカードをゲットするためではなく、会話を通して考えをより深く、より明確で有益なものにするための思慮深さを身につけるのが目的であることを忘れないようにしてください。彼ら自身が考えだしたことは、彼らの頭の中にずっと残るものとなります。

⑧**討論に応用する方法**――まず、双方の考えをつくりあげます（カードのまとまりを二つ完成させる）。コーチが「明確化するカード」をすべて取り除き、「支えるカード」だけになった中

央に「比較・評価カード」を置きます。次に、話し手は双方の「支えるカード」を比べて、それぞれの根拠の強さを評価していきます。たとえば、一方が「どっちの根拠が強い？」と尋ねたら、片方が「前世紀の気温の変化に関する統計のほうが説得力はあると思う。なぜなら……」と答えます。コーチは「比較・評価カード」の一枚を下に置き、その発言の要点をメモします。

⑨学習の振り返り――最後に、三人の生徒全員で振り返ります。自分たちがつくりあげた考えについて、明確化に用いられたすぐれた言葉について、もっとも適した根拠について、そして考えの総合的な重要性について記述（総括）するための準備をします。

次ページの**表2－1**は、五年生における算数の授業での会話例です。問いかけは、「ある分数を別の分数で割る方法と、その手順で行う理由を、カードを使って説明しよう」というものです。この会話は、「分数を割るには、一方の分数を裏返して掛け算をする」と書いた「考えカード」からはじまりました。これから、その「考えカード」の下に別のカードを置くところです。

生徒が分数の割り算についての理解をどのように前進させたのかに注目してください。また、カードが生徒の会話の継続にどのように役立ったのか、そして明確化や正当化によって考えがどのように練りあげられていったのかに注目してください。考えは完璧なものではありませんが、深まっています。

表2－1　ビルディング・カードを活用した算数の会話のサンプル

		会話のやり取り	カードの種類(色) コーチ役が選んで並べていく
(1)	A	割り算をするには、分子と分母を入れ替えて、掛け算をしないと。	考え(紫)
(2)	B	でも、どうして？	明確化(ピンク)
(3)	A	掛け算は割り算の反対だからだよ。	明確化(ピンク)
(4)	B	でも、どうして２番目の数を入れ替えるの？　足し算や引き算ではしないのに。	明確化(ピンク)
(5)	A	分からない。そうだ、割り算ってどういう意味だっけ？　もっと簡単な数字にしてみよう。６を２で割ると。	支える(ブルー)
(6)	B	そうか、割り算というのは、あとの数が最初の数のなかに何回入っているか、ということなのか。	明確化(ピンク)
(7)	A	うん。分数に対してもそういうこと。	支える(ブルー)
(8)	B	どういうこと？	明確化(ピンク)
(9)	A	あとの分数が最初の分数のなかに何回あるか、ということ。	明確化(ピンク)
(10)	B	じゃあ、1/2を1/4で割るときは、1/2のなかに1/4が何回収まるかを数えればいいってこと？	支える(ブルー)
(11)	A	そう。２回。パイの一切れみたいに。二つ分ある。だから、1/4をひっくり返して４にして、4×1/2をすれば２になるね。	支える(ブルー)
(12)	B	そうなるのはもう知っているよ。でも、どうして？	明確化(ピンク)
(13)	A	なんでだろう。よく分からない。そうなってる。	なし
(14)	B	よく見てよ。下の数字が大きくなると、分数も小さくなるんだぜ？　たとえば、1/50というのは1/4よりずっと小さいから、50の小さな断片が整数の１に収まるということだよね。	支える(ブルー)
(15)	A	整数の１って？	明確化(ピンク)
(16)	B	なんでもいいんだ。リンゴでも、ピザでも、なんであろうと整数の１。だから、ひっくり返して掛け算すれば、50回分になる。	支える(ブルー)
(17)	A	え？　ということは、分母の数が大きくなるほど、ピース一切れは小さくなるのか。	明確化(ピンク)
(18)	B	そう。だから、整数１のなかに収まる回数がより多くなるというわけ。それが分子と分母を入れ替える理由なんだよ。１のなかにいくつ収まるかを数えるためなんだ。	明確化(ピンク)

この会話は、考えをつくりあげるためのステップの一つです。この教師は、手っ取り早く正しい答えを得るためではなく、数学的な思考を深めるための時間を大切にしたのです。

ビルディング・カードの別の使い方

いったんビルディング・カードをつくってしまえば、それをほかの対話ベースの活動にも活用して、会話スキルを育成することができます。場合によっては、生徒自身が書き込むカードもあればよいでしょう。

クラス全体の話し合いで

話し合いを途中で止めて、自分だったら次に何を発言するかを考え、（カードを持って）発表する場面を設けます。たとえば、古代文明の重要な要素について話し合っているとき、ある生徒が「宗教はそれほど重要ではなかったと思います」と言ったら、そこで話し合いをストップして、「次があなたの番だとしたら、彼に何と言いますか？　どちらのカードでもよいので書きましょう」と指示します。

書いたことをパートナーと共有し、クラス全員にも発表しましょう。

「三回連続ペアトーク」を使って（六七ページの「アクティビティー［2－3］」を参照）

Ａ列の生徒に、「明確化カード」一〇枚と「支えるカード」一〇枚が入った封筒をわたします。やり取りを一回終えるたびに、パートナーは、そこで使用したスキルに対応するカードを封筒から一枚以上取り出します。たとえば、生徒Ａが「動物の薬物検査を禁止すべきだ」と発言したとします。そして、生徒Ｂは生徒Ａにその根拠を尋ね、生徒Ａがそれに対して根拠を挙げて答えたとします。このとき、生徒Ａ（根拠を尋ねた人）も生徒Ｂ（根拠を答えた人）も「支えるカード」を一枚ずつ使ったことになります。

目標は、少なくとも六枚程度のカードを使うことです。質問や答えは「支える」と「明確化」のどちらにもなり得ますので、考えを練りあげるのに有益であるかぎりは、どちらのカードを選択してもかまいません。

情報伝達の文章を読むときに(4)

文章を読んで、生徒はもっと明確にしてほしい箇所や、もっと支え（根拠や事例）が必要だと思う本文中の箇所にカードを挟みます（または、付箋紙《ふせんし》を貼ります）。これによって、書き手の論じ方を対象にして、書き手がどのようにして自分の考えを読み手に伝えようとしているのかについて考える（批評する）ことができます。

ピア編集で（書いた文章を協力して推敲する活動）

生徒は、パートナーが書いた文章を読み、考えを明確にしたり、支えたりする必要がある箇所にカードや付箋を貼り付けます。または、書き手が自分の文章を音読するのを聞きながら、さらに明確にしたり、支えたりすべきだと感じたときにカードを提示するという方法もあります。

アクティビティー（2-2）ビルディング・シート(5)

この活動は、前の活動で紹介したカードと関連しています。会話の直前でも、会話の直後でも、またコーチの助けを借りれば、会話のなかでも使える活動です。会話のずっと前や、ずっと後でも活用できますし、ほかの「読み」、「書き」、「聞き」、「話す」活動と結びつけることももちろん可能です。さらに、ある一つの単元全体を通して完成させる学習材としても活用できます。

この活動では、「レンガ」型のブロックに記入しながら、自分たちの考えをつくりあげてい

(4) 説明、解説、論説、評論など、情報伝達のために書かれたさまざまな種類の文章を指しています。

(5) 「ビルディング・カード」はその場において二人でつくりあげていきますが、「ビルディング・シート」は、一人ひとりがそれぞれつくっておき、会話を通してさらに充実させていきます。

図２－２　「なぜ戦争ははじまるのか？」という問いかけでの会話のサンプル・シート

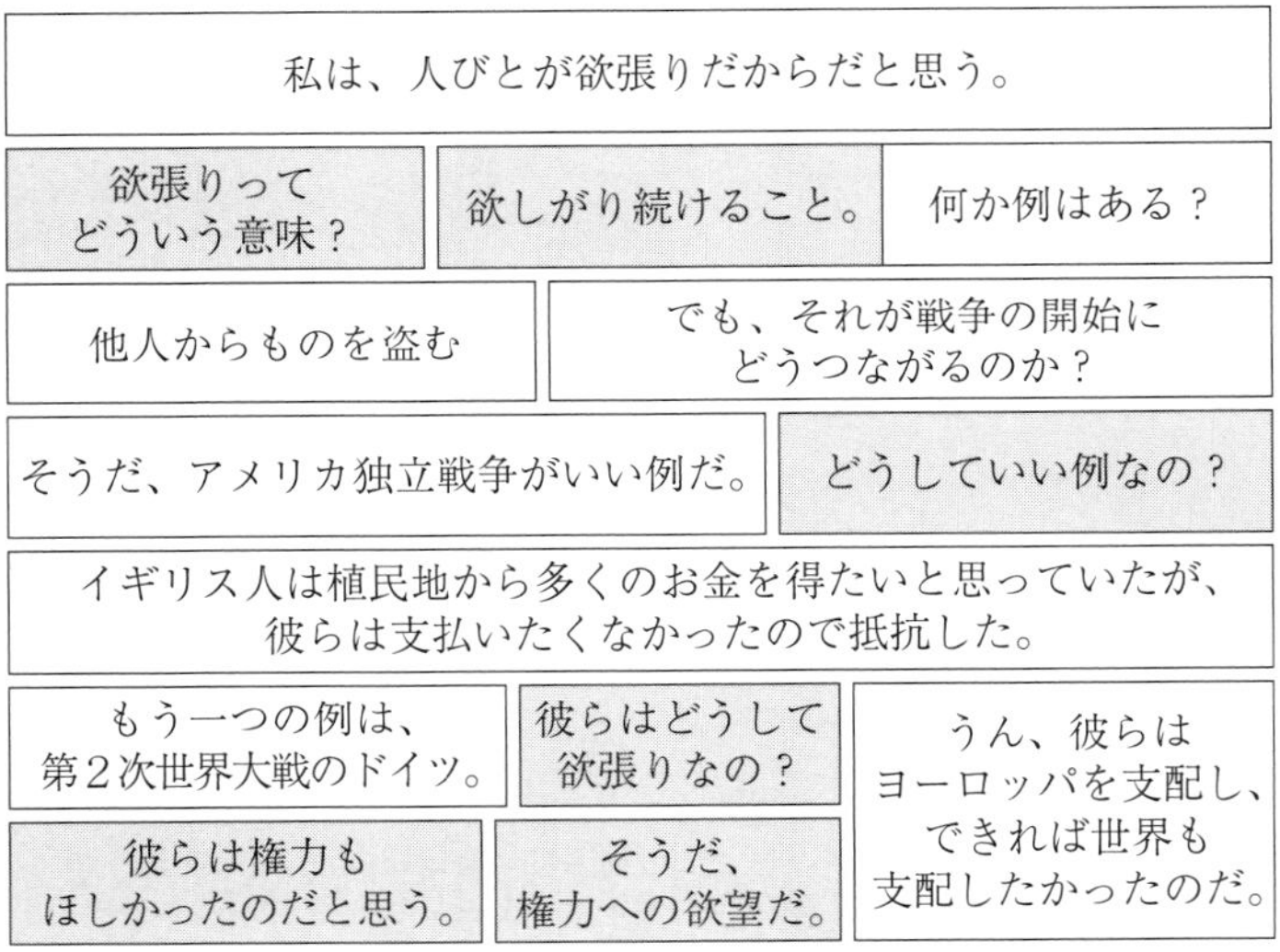
私は、人びとが欲張りだからだと思う。

欲張りってどういう意味？

欲しがり続けること。

何か例はある？

他人からものを盗む
でも、それが戦争の開始にどうつながるのか？

そうだ、アメリカ独立戦争がいい例だ。

どうしていい例なの？

イギリス人は植民地から多くのお金を得たいと思っていたが、彼らは支払いたくなかったので抵抗した。

もう一つの例は、第２次世界大戦のドイツ。

彼らはどうして欲張りなの？

うん、彼らはヨーロッパを支配し、できれば世界も支配したかったのだ。

彼らは権力もほしかったのだと思う。

そうだ、権力への欲望だ。


きます。自分たちだけの「建物」を描いてもいいでしょう。主に会話の前後や、途中の休憩時に作成します。途中で休憩を必要とするのは、**図２－２**を見ると分かるように、かなりの量の書き込みを必要とするからです（進め方の④を参照）。

進め方は次のとおりです。[6]

①ビルディング・シートの使い方のモデルを示す――一番上のレンガに「考え」を記入します。内容ごとに色分けしましょう。たとえば「考え」は紫（一段目）、「明確化」はピンク（アミの部分）、「支える」はブルー（白い部分）。

②下のレンガから上に向かって書き込んでいく（上から下でもよい）――書

き進める順序はどちらでもいいですが、私は関連する内容同士を近くのレンガに書くようにしています。たとえば、自分がシェアした根拠をより明確にしたいときには、まず根拠そのものをどこかのブルーレンガに（またはブルーのペンで）書き、その根拠からいえること（明確になること）をその上または横のピンクのレンガに書きます。

③会話する前の書き込み――会話前のシートのサンプルを示し、パートナーと話す前に、できるだけ多く記入するように伝えます。そして、各自のワークシートを使って記入させます。ただし、会話中や会話後にたっぷり記入することになるので、多くのレンガは空白のままにしておきます。

④パートナーと話し合う――パートナーと話し合うように指示します。話しているときには書かないようにします。もし、書く必要がある場合はコーチ役に書いてもらいましょう。

⑤途中休憩――時間の半分くらいになったら中断し（「休憩の時間です」と声をかける）、そこまでの会話で出てきたことをレンガにメモして、考えを練ります。その際、必要に応じて、さらに「明確にする質問」や「支える質問」をしてもいいでしょう（たとえば、「主人公について何と言いましたか？」、「成功の定義はどうやって決めたんだっけ？」）。

（6）　一回きりにせず、何度も繰り返して実施すれば効果が高まります。

⑥会話を再開する。

⑦会話後の書き込み、振り返り——終了時間になったら、最後のメモをレンガに記入します。鉛筆と消しゴムを使って書いたり消したりし、分からなければクエスチョンマーク（?）を使うように促します。しかし、生徒が記入しただけで済ませるのは望ましくありません。生徒には、つくった図を保存してもらい、考えがどのように生まれ、成長し、時間とともに変化するのかについて考えてもらいます。たとえ最初の考えがほかの生徒や教師、本から出てきたものであったとしても、時間をかけて練りあげれば自分のものになると伝えます。

⑧活動の発展——必要に応じてほかのパートナーとも話し合いをして、さらにレンガを増やしてもいいでしょう。

次に示すのは八年生における歴史の授業の会話例です。問いかけは、「第三代大統領ジェファーソン（Thomas Jefferson, 1743～1826）とハミルトン（Alexander Hamilton, 1755～1804）は連邦政府の役割についてまったく異なる見解をもっていました。彼らの見解を参考に、『政府は何をすべきか?』について考えをつくりなさい。そして、その効果はどうだったか（今はどうか）について考察しなさい」というものです。生徒は一次資料と二次資料を見て、資料の事例や引用を使いながら、ビルディング・シートに多くのメモを書いていきました。

(1) A　レンガに書いたことを教えて？
(2) B　ジェファーソンは、連邦政府があまり手を出さないようにした。
(3) A　どういう意味？
(4) B　つまり彼は、州がもっとコントロールできるようにしたかったということ。そして、彼は農民を助けたかったんだと思う。君はどう？
(5) A　僕のレンガには、農民と国家について書いたよ。それから、強い連邦政府は圧政か独裁だと彼は思っていた、って書いた。
(6) B　ハミルトンについては？
(7) A　こっちのレンガに書いた。彼はイギリスのようになりたかった。彼は、そうだね、つまり連邦政府がすべてをコントロールすることを望んだんだね。
(8) B　たとえば？
(9) A　ここにお金のことをメモした。たぶん、大きな銀行だと思う。税金を徴収しているから、銀行か何かが必要だ、と彼は述べていた。
(10) B　でも、ジェファーソンはそれを望んでいなかった。彼は銀行や専制などは望んでいなかったし、再びイギリスのようにはなりたくなかったし、王政にもしたくなかった。それから……。

⑾ A でも、ワシントンもそう思っていたはず。

⑿ B うん、でも彼はイングランドのやり方を望まなかった。増税するとかいろいろ、あと何をすべきかについて国民に伝えるとか。アメリカが自由のために戦いたかったのはそのためだよ。

⒀ A たぶん、二人とも正しいと思う。州は、何が必要かを自分たちで決めて、自分たちでやっていけるようにしないと。でも、連邦政府も何らかの決定を下すべきだったと思う。

⒁ B たとえば?

⒂ A たとえば、外交とか、軍隊とか、戦争に関して。

⒃ B あと法律だね。それもやるべき。

⒄ A ちょっと待って、ここまでの内容をレンガに書いておくね。

レンガを使うことによって生徒は会話を続け、集中力を保ったことに注目してください。一行目、五行目、そして七行目では、根拠について書かれたレンガに言及し、より詳細な説明を求めています。そして、七行目でハミルトンとジェファーソンの意見の相違に着目して根拠を確かなものにし、一七行目でそれを一つのレンガにまとめました。この会話は、生徒の頭の中になかった考えを会話によっていかにつくりあげていったのかを示すよい事例といえます。

アクティビティー（2-3）三回連続ペアトーク

この活動では、「ペアでの伝えあい」を連続的に行い、考えをつくりあげたり言葉の使い方を上達させたりすることを目指します。続けて二回か三回のペアトークを行う活動だと考えてください。

会話の前と後の反応を比べてみると、ペアでの伝えあいの効果が明確に分かります。生徒を座席から立たせ、会話の列に並ばせてから行いますので、移動に伴う混乱はほとんどありません（私は、小さな教室でもそうしています）。また、明確にする、非言語的な要素を使う、ほかの人の考えの妥当性を検証するなどを含めた、幅広い対人コミュニケーションスキルを身につけることができます。手順は次のとおりです。

①**会話する前の考えをまとめる**――まず、生徒は最初の考えを書いておきます。そうすれば、より自信をもってたくさん発言することができますし、事前の状況をあとで評価することもできます。

②**ペアをつくる**――どんな方法でペアリングしてもいいですが、私は「会話ライン」と呼ばれる方法（教室の列を使う方法）を活用しています。二列の生徒（A列とB列）が向かいあって

やり取りするというものです。ラインを短くするほうが狭い教室には適しています（例として、三人対三人、四人対四人）。

③一回目のペアトークの開始――先にA列の生徒から話します。年齢や問いかけに応じて一分程度の時間を取ります。B列の生徒には、パートナーに対して「支える質問」や「明確にする質問」をするように伝えます（たとえば、「ほかに根拠は？」、「……って、どういう意味ですか？」）。もし、パートナーがあまり発言しない場合は、「……についてはどう？」と質問すれば考えの種をまくことができます。

この活動の目標は、一年間を通して、今学びつつある内容についてクラスメイトがより多く、より学習場面に適した話し方ができるようにすることです、と生徒に伝えてください。

④話し手と聞き手の交代――ベルやタイマーなどで合図をして交代します。今度はB列の人が話し、A列の人が聞きます。

⑤新しいペアに移動する前の準備――B列の話す時間が終わったら、次のペアとの伝えあいに使えそうな情報や考えを、一〇秒ずつお互いに話します。交代する直前などにメモを取ってもいいですが、話している間はメモを取ってはいけません。

⑥二回目、三回目のペアトーク――すべての生徒が新しいパートナーと組むように、ペアを変更します。ベルなどで合図をし、どちらかの列を一つずらします。最後尾の生徒は、列の最初

に入ります。

今度は、Ｂ列の生徒が先に話します。会話をはじめる前に、さっきのパートナーから借りた考え、根拠、言葉を使って、自分の考えがより説得力があり、明確になるように、新しいパートナーに伝えるべきことを確認します。教師は、これをモデルで示すなどして、生徒が意識できるようにしましょう。そうでないと、毎回同じ会話になったり、次第に短い会話になってしまうので注意が必要です。

⑦会話を終えての考えを書く——三人のパートナーとの会話を終えたら、事後の考えをまとめます。このとき、事前に書いたものは見ないようにします。書き終えたら二つの文章を比較し、会話がどのような変化をもたらしたのか、次に何をする必要があるのかについて確認します。このとき、パートナーから得た言葉や考えに、マーカーなどでハイライト（強調）するように指示している教師もいます。

以下に示すのは、九年生における国語の授業での会話です。問いかけは、『アラバマ物語』(7)のなかで、スカウトはどのように、そしてなぜ変容しましたか？　それらの変化は、本のテーマや人生訓とどのように関連していますか？」でした。**A**は焦点を当てる生徒、**B1**は一回目のパートナー、**B2**は二回目のパートナー、**T**は教師を表します。

(1) **A** 彼女（スカウト）は、人を簡単に判断しない方法を学んだと私は思う。つまり、表紙だけで本を判断しないように。ブー・ラドリー[8]みたいに。（沈黙）

(2) **B1** ブー・ラドリーについて、もっと明確に言える？

(3) **A** 最初、彼女はブー・ラドリーのことを幽霊か怪物だと思った。でも、その見方を変えるという小さなきっかけがあった。彼が、彼女の服を直した。そして、そのあと、彼は彼女らの命を救った。あの酔っ払いからね。それから私が思うに……。

(4) **T** 交代。B列の人、話しましょう。

(5) **B1** 私も、見た目だけで人を判断しないということだと思います。それから、マネシツグミね。歌を歌ったり人を助けたりしているだけなんだから、あの鳥たちやトムを殺すのはよくない。あと、トム・ロビンソンについてもいろいろ考えた。彼は黒人でありながら人びとを助けたけど、人種差別主義者がトムを殺した。彼らはトムの言うことを信じなかった。でも、アティカスは違っていた。

(6) **A** スカウトの変化についてはどう？

(7) **B1** 彼女は、父親と話すことで人種差別について学んだと思う。

(8) **T** そこまで。一五秒とりますから、その間に次のパートナーとの会話で使いたくなった考えや根拠について、今のパートナーと教えあってみましょう。

(9)　**A**　トムについての話がよかった。彼が人々を助けたってことと、ツグミのようだったということ。

(10)　**B1**　あなたが言った、人を見た目で判断しないという考えが気に入った。

(11)　**T**　いいでしょう。では、新しいパートナーと交代します。この会話で、今までの考えがより説得力が高く、明確なものになるように努力してみてください。では、交代！　B列の人から話をはじめましょう。

(12)　**B2**　彼女は、人びとの勇敢さについて多くのことを学んだと思う。アティカスが言ったように、（メモを読みあげながら）「勇気とは銃を手にした人のことだと考えるのではなく、本当の勇気とは何かを知ってもらいたかったのです。はじめる前に自分が見下されていると分かっていても、とにかくはじめること。そして、どんなことがあっても理解しようとすることです」。（沈黙）

（7）ハーパー・リー（Nelle Harper Lee, 1926〜2016）が一九六〇年に出版した小説です。アメリカ南部のアラバマ州で起きた黒人の白人女性に対する暴行容疑に関する裁判を舞台として、人種差別の問題が描きだされています。物語の中心人物は、容疑者である黒人の弁護人アティカスと、その娘で小学生のスカウトです。アメリカの高校では教材として用いられています。邦訳書として、菊池重三郎訳（暮しの手帖社、一九八四年）があります。

（8）物語の登場人物で、凶人と噂されている隣人です。

(13) **A** 勇気について、ほかに何か根拠はある?

(14) **B2** 私の最初のパートナーが言っていたの。えーっと、(メモを見て) 療養中だった婦人の、ドゥ……なんとかっていう人のこと。彼女は、麻薬とモルヒネをやめて、もう中毒になりたくないんだって。でも、よく分からないわ。

(15) **T** そこまで。A列の人どうぞ。

(16) **A** スカウトは、人は勇敢になれるということを学んだと思う。たとえそのようには見えなかったとしてもね。本には、その例が載っていた。ブー・ラドリーだ。彼女は、ブー・ラドリーを幽霊か悪人だと思っていた。ブーは、彼女の服を直すなどいいことをした。彼女の命さえも救った。アティカスも同様だ。アティカスがトムを解放しようとして人種差別的な街の人びとに立ち向かうまで、スカウトはアティカスを勇敢だとは思っていなかったと思う。アティカスは、負けると分かっていたけど、とにかくやってみたんだよ。君が読んだ引用文のように。

長いので、三回のうち二回の会話だけを掲載しました。しかし、この二回の会話だけでも、生徒Aが考えをつくりあげているのは明らかです。また生徒Aが、二人のパートナーから、「明確にする」働きかけや、根拠を使って「考えを支える」働きかけを得ているところにも注目してく

ださい。このような構造化された活動が、生徒の会話スキルの向上にいかに役立つかを理解してほしいです。

スキル2　会話する価値のある考えを出す

内容が濃く、学びがいのある考えを選択・提案する能力が高ければ高いほど、また考えを明確にするスキルや支えるスキルが高ければ高いほど、会話による学びの効果は大きくなります。それらの考えは、学習指導要領や指導書、授業ないし単元のカギとなる問い（通常は一つか、多くても二つ）、教科書の小見出し、生徒の興味・関心、そして教科指導における教師自身の経験などを参考にして出されます。

以下に紹介するのは、生徒が会話のなかでつくりあげる「考え」の例です。

・二つの状況をグラフ化する必要があるぞ。
・この物語で、シャイラは謙虚になったような気がする。
・小鳥たちは、彼女が手に入れたかった自由を象徴するものだった。
・歴史上の一次資料を扱う場合には、先入観や偏見を考慮しないといけない。
・すべての生命は水を必要とする。

・地理は文化に影響を与える。
・「分数」と「小数」と「パーセンテージ」は類似しているが、使われ方は違う。
・野球のバットとボール、それと車を使って、ニュートンの三つの法則を示すことができる。
・ヨーロッパの探検家たちを駆り立てたのは彼らの貪欲さだ。
・アメリカ合衆国憲法修正第一条は、私たちを守るにおいて十分ではない。
・それを三角形に切って、ピタゴラスの公式を使おう。

考えにはさまざまなタイプ（種類）があり、すべてが「意見」でないことに注意してください。しかし、これらの考えは、さらなる説明や明確化、根拠や詳細な説明による支えが必要です。また、これらの考えは、詳しく説明するために少なくとも一段落以上の文章が必要となります。とりわけ、練りあげる価値のある考えには、「多面性」、「耐久性」、そして「関連性」が備わっています。(9)

多面性――生徒がさまざまな資料（考え、根拠、定義、意見、価値観）を持ってきて、会話のなかでお互いに考えをつくりあげるために使うという意味です。これには、主要な用語に関する異なる定義、根拠を示す多様な断片、そして根拠を評価するさまざまな判断基準などが含まれています。

たとえ同じ根拠を手にしていたとしても、それを記述したり評価したりする方法や、主要な考えを支えるやり方は異なるはずです（多くの場合、その人なりの価値観がかかわってくるからです）。つまり、もし二人の生徒が同じことを言ったとしても、それは私たちが求めるタイプの考えではありません。最終的な考えは、内容的にも言語的にも、生徒によって異なるからです。(10)

耐久性――考えは、時間をかけて育てるものでなければなりません。つまり、その考えについてのさらなる会話、読書、考察などの機会を通して、考えは進化し、拡大する可能性があるということです。考えは変化し、拡大するのです。

なかには、私たちが死ぬまでずっと形成され続け、変化し続ける「生涯の考え」というものもあります（たとえば、「アメリカは真の民主主義国家ではない」、「不規則な物体の体積を求めるためには、測定可能な液体の容器にその物体を流し込む」、「失敗から学ぶべし」、「地球は巨大な磁石だ」などです）。

---

(9)　これら三つの要素、日本の授業ではどれだけ大切にされているでしょうか？　ほとんど見向きもされていないと思うのは訳者だけでしょうか？　その原因は、いったい何なのでしょうか？

(10)　サラっと言い放っていますが、少し立ち止まって考えると、すごいことを言っていると思いませんか？　これで私たちの授業を振り返ってみるとどうでしょうか？

関連性——最初の考えは、会話の問いかけや目的と深く関連するものを設定します。ブレイン・ストーミングで考えを出しあった場合でも、学習にもっとも関連が深く、役に立つものを選ぶように指導するとよいでしょう。生徒は刺激的な考えを選びたがるでしょうが、あくまでも学習内容や問いかけに沿って進める必要があります。もちろん、実験的な考えや遊び心のある考えでもいいのですが、常に関連性を保つ努力をしなければなりません。

このことをモデルとして示すには、教師が「考え聞かせ」をするとよいでしょう。さまざまな考えを提示してから、会話をするうえでもっとも関連性が高く、つくりあげる価値があり、有益な考えを選んでいく方法(11)(あなたのなかで展開しているステップや試行錯誤)を、声に出しながら実際にやってみせるのです。

これには、ぜひ時間をかけましょう。なぜなら、あなたも知っているように、弱弱しい考えや練りあげられない考え、あるいは無関係な考えからはじめてしまうと生産的な会話になりにくいからです。

この「関連性」に焦点を当てて、一〇年生における世界史の授業の会話(一部)を見てみましょう。生徒は、第一次世界大戦の経済的コストと国別の死亡者数をグラフで表して分析してきました。ここでの問いかけは、「この統計は、第一次世界大戦後の国々の態度にどのような影響を与えたでしょうか？　条約の要点となるのは何かに焦点を当てて、あなたの考えをまとめてください」というものです。

会話のあと、生徒たちは自分の考えとヴェルサイユ条約（一九一九年）の要点を比較しました。

(1) **A** 何か考えはある？
(2) **B** これらの国々は何十億ドルもの損失を出しているから、おそらくそれを取り戻したいと思っているんじゃないかな。私が思うに。
(3) **A** それから何百万人もの命も、だね。それをお金で取り戻すことはできないよ。
(4) **B** 本当に。そして、ドイツとオーストリアは、かなり多くのお金を失った。だから、返済するお金はなかったと思うな。
(5) **A** そうだね。でも、払うべきだとは思う。
(6) **B** うん。でも、一般の人々はどうだろう？　多くの人々は戦争を望まなかったと思う。郊外の町などはとくに。その人たちも支払うべきだと思う？
(7) **A** そうは思わない。お金も人も失ったのに！　なぜ、人々は世界を支配したいと考えるん

(11)「考え聞かせ」のやり方を知りたい方は、『読み聞かせは魔法！』（とくに第三章）を参考にしてください。

だろう？　なぜ、危険な人たちがリーダーに選ばれるんだろう？

(8) **B** まったく。彼らは戦争をはじめた罪で刑務所に入れられるべきだ。

(9) **A** もう一つの問題は軍隊だね。ドイツとオーストリアは、もう軍隊をもつべきじゃない。そうすれば、彼らは二度と攻撃できなくなるよね。

(10) **B** そうだね。さてと、どの考えについてもっと深めてみようか。

(11) **A** 全部話し終わったでしょ。もう十分じゃない？

(12) **B** ううん、どれか一つに焦点を当てて考えを組み立てないと。それから、問いかけに答えないといけないし。

(13) **A** 分かった。僕としては、一般の人々のことがいいと思う。

(14) **B** なるほど。条約で一般の人々を罰するべきじゃないけど、戦争をはじめた指導者は罰するべき、ということだったね。

(15) **A** そうだけど、どうやって？

生徒Aがこれで十分だと思ったとき、生徒Bが、ブレイン・ストーミングをしたうえでさらに会話を続けて、考えをつくりあげる必要のあることを思い出させていた点に注目してください（一一行目）。

生徒自身に考えを出してほしい場合であっても、教師は生徒から求められたときのために、「考えの種」をポケットに入れておくべきでしょう。あなたの「考えの種」は、学習指導要領、教科書や指導書、生徒の実態から得られます。これらの考えから会話をスタートさせてもいいですし、会話を聞いたうえで、必要に応じて提供することもできます。

さて、次に紹介するのは、生徒が自分たちの会話にもっとも適した、練りあげる価値のある考えを思いついたり選択するときに役立つ活動です。

アクティビティー（2-7）　封筒の中のキーワード

この活動は、生徒が学習するキーワード（重要用語）をもとに新しい考えを生みだそうという、楽しくて創造的な活動です。まず、その単元のポイントとなる、「考えをつくりあげるためのキーワード」を抽出してください。

三〜六個の言葉を一つずつカードに書き、封筒に入れてペアやグループにわたします。(12) 生徒は、それらの言葉を好きなように組織化（構造化）します。たとえば、蜘蛛の巣図にする、分類する、一連の流れにする、それらの言葉を使った文章をつくる、描いた絵のなかに配置する、寸劇にするなど、さまざまな方法で表現します。教師が封筒にカードを追加してもいいですし、生徒が考えを発展させるためにカードを追加してもかまいません。

たとえば、六年生担当の教師は、文明の発展について教えるときに「農業」、「余剰生産物」、「分業」、「文明」といった言葉をカードに書きました。また、導入時の授業では言葉の意味にも触れました（ただし、具体的なことは教えませんでした）。そのあとで、彼女は次のように問いかけました。

「これらの言葉は、お互いにどのように関係していますか？　これらをどのように組み合わせられるのかについて話し合い、自分の考えを魅力的かつ明確な形で提示する方法を考えだしてください。話しているときには、考えを明確にしたり支えたりするために、お互いに質問しあってくださいね」

以下は、この授業における会話の一例です。

(1) **A**　「農業」というのは農家になること、つまり食べ物を育てることだよね？
(2) **B**　そうだね。
(3) **A**　それから「余剰生産物」というのは、余った食べ物だね。つまり、自分たちが食べるよりも多くの量を農家が育てているということ。

(4) B　そうだね。これでカード二つだね。

(5) A　じゃあ、「分業」っていうのは？

(6) B　別々の仕事をすることだと思うよ。つまり、作物を育てていないときに。

(7) A　どういう意味？

(8) B　昔は、みんな農家だったと思うんだよね。食べ物をつくりすぎて余ったものとか、農業が好きじゃなかった人が道具をつくって、それを売ったんじゃないかな。

(9) A　だったら、この二つは一緒にしよう。

(10) B　つまり、人びとは作物をつくるのがうまくなって、それで農業をはじめた（カードを並べながら）。そして、余剰生産物が出た。食べ物が余ったので、人びとは分業をするようになって、食べ物をお金で買うようになった。

(11) A　どうして？

(12) B　道具屋は道具を売ってお金を稼いだからだよ。

（12）関係性の高い言葉同士を線（リンク）で結びつけて、構造化していく図のことです。元の言葉から連想した言葉を書き加えていくこともできます。「ウェブ図」、「概念図（コンセプト・マップ）」、「マッピング」、「マインド・マップ」などとも呼ばれています。

(13) **A** お金を持っていたの？
(14) **B** 分からない。もしかしたら、物々交換だったかもしれない。でも、別の仕事に就けたのは、お金で食べ物を買えたからだと思うんだよね。
(15) **A** 「文明」のカードについてはどうなの？
(16) **B** 彼らが文明を手にすることができたのは、そのためにいろいろな仕事が必要とされたからだよ。よし、じゃあ、どうする？
(17) **A** ポスターか何かにまとめよう。それか、劇にしてもいいし。そっちのほうが早いし、楽しそうじゃない？

ここで注目してほしい点は、キーワード（重要用語）のオウナーシップ[13]と、それを会話によって明確にしたことです。そうすることで生徒はキーワードを使い、「原因と結果」というつながりを見つけて、より大きな考えをつくりあげたのです。

彼らは、最終的な作品の成果以上のことを会話のなかで準備し、それをやり遂げようという意欲をもっていました。それでも、彼らが一六行目で思いついた考えははじまりでしかありません。考えをさらに練りあげていくためには、さらに別のスキルが必要なのです。その一つが、次に論じる「スキル３——考えを明確にする」です。

スキル3　考えを明確にする

「明確にする」とは、建設的な会話をするために必要な事柄について、パートナーと協力しながら意味をはっきりさせることです。たとえば、次の会話において、もし二行目の生徒Bが、Aが一行目で言った内容をあまり理解しないうちに「はい」と言ったとしたら、会話は止まっていたかもしれません。また、その根拠が考えをどのように支えているのか、そのキーワードが何を意味しているのか、なぜ特定の根拠を重視するのか、なぜそれが重要なのか、といったことを明確にする必要もあります。

では、次の五年生の会話で、考えを練りあげるうえでの「明確化」の働きを探してみてください。問いかけは、「ポール・リビア[14]はアメリカ独立戦争で重要な役割を果たしたか？」です。

(13)　教師から与えられたものという意識ではなく、「自分たちのもの」という意識をもって学びに主導的にかかわる姿勢のことです。

(14)　(Paul Revere, 1735～1818)　銀細工師で、アメリカ独立戦争中の一七七五年、レキシントン・コンコードの戦いにおいて伝令の役割を担ったことで不朽の名声を与えられました。名前とともに「真夜中の騎行」という言葉は、愛国者の象徴としてアメリカ中に知れわたっています。またリビアは、イギリス軍の監視を続け、仲間内に情報を伝達する仕組みをつくりあげることにも貢献しました。

⑴　A　私はそう思う。
⑵　B　なぜ？
⑶　A　だって、彼はイギリス兵のことを警告したから。
⑷　B　うん。でも、それは独立戦争に勝利することに役立ったのかな？
⑸　A　私はそう思う。イギリス人を驚かせる時間をつくったといわれているよ。
⑹　B　でも、それは単に一つの戦闘にすぎないよ。戦争はもっと大きかった。
⑺　A　分からない。たぶん。
⑻　B　もっと多くのものをもたらしたんだろうね。たとえば、戦闘に立ち向かう自信とか。もちろん、まだ早い時期だし、それで本当のイギリス兵を倒すことができると思ったかどうかは分からないけど。
⑼　A　それで、彼らはそのあとの戦いのために鼓舞されたと思う？
⑽　B　あぁ。たぶん、はじまったばかりのバスケットボールチームみたいなものだよ。一つか二つ勝つことで、さらに士気が高まっていくと思うんだ。

二人の生徒は、独立戦争で重要な役割を果たしたポール・リビアについて最初の考えを明確にしています。何回かのやり取りだけで、二人とも質問をし、二人とも「明確にする」働きをし、より確固とした考えに行き着きました。

教師としては、生徒が必要だと思っている以上に、「明確にする」ことについて促す必要があります。生徒は、自分が話すことはすべて、聞いている人みんなが理解してくれていると思い込む傾向がありますが、たいていの場合、最低限のことしか理解されていないものです。したがって、会話のなかで考えを明確にするためによく使われる次のような働きかけをモデルで示し(15)、足場かけ(16)をするようにしましょう。

①質問する（「……と言ったのはなぜ？　どうやって……したの？　それは……という意味？」）。

②使用する言葉を定義する（「真実ってどういう意味？」、「あなたは愛国者をどのように定義するの？」）。

③基本的な考えを詳しく述べる（「あなたが……と考える理由をもっと話して」）。多くの場合、

---

(15)　教師がやって見せること（モデリング）です。学習会話のモデリングでは、協力してくれる生徒と教師とでやってみせることもしばしば行われます。

(16)　生徒が取り組む学習活動の効果を上げたり、予想されるつまずきを防いだりするために、教師が事前に行う支援全般を指します。ここでは、会話による学習効果が高まるように話し方のモデルを示すことです。最初のうちは綿密に足場かけを行いますが、スキルを身につけるに従って少しずつ足場を外していくことも大切です。

生徒はざっくりとしか答えません。たとえば、「同じ過ちを繰り返さないためには、歴史に学ぶ必要がある」で考えてみましょう。

生徒に、「……について詳しく教えてください」という言い方を教えて、詳細な説明を相手に求めるように指導します。単に「詳しく説明してもらえますか?」と求めるよりも、具体的な内容を説明してもらうように教えるとよいでしょう。そうすれば、相手は話し手が言ったことのなかから確かな部分を取り出して、それを確認するようになるからです。たとえば、「歴史とは何か、歴史上の過ちと見なされるものは何か、詳しく説明してもらえますか?」などです。

④**相手の一回以上の発言を言い換えて、要約して内容を相手に返す**(「要するに、あるモノの供給が増えると、それへの需要が減るということですか?」)。

ちなみに、言い換える目的は以下のようなことです。

・聞き取った内容をよく覚えておく。
・パートナーが言ったことをあなた自身の言葉で表す。
・聞き取った内容が、話し手の伝えたかったことかどうかを確認する。
・パートナーが話した要点を整理する。
・問いかけに沿って会話をしたり、考えをつくりあげるときに役立てる。
・(本を読んでいるときのように)キーワードをまとめて目立つようにして、記憶に残るようにする。

⑤アナロジー（類推）、ドラマ、視覚化（たとえば、蜘蛛の巣図、ベン図、チャート、グラフ）**を使用する。**このなかでは「視覚化」がもっとも一般的に使われますが、考えを劇化したりアナロジーで表現するのも役立ちます（たとえば、「一つの細胞は学校のようなものだ」）。

このように、「明確化」には多くの形があります。そして、通常は「明確にする」ための働きかけが必要です（お互いがすでに同じ意味を共有している場合には不要ですが、残念ながら、そのようなことは滅多にありません）。むしろ、「明確にしすぎる」くらいがちょうどいいでしょう。以下では、明確にするスキルを伸ばすための活動を紹介します。

アクティビティー（2-8）要約練習

言い換えるスキルや要約力を上達させるのに役立つ練習です。手順は次のとおりです。

①ペアをつくる。

②要約する前の文章を提示——教師は、何か長めの話をするか、文章を音読します。生徒がそれを聞きます。

表2－2　要約練習のワークシート例

要約する前（相手が言ったこと／本や文章に書いてあること）	要約した後（私ならこう言い換える）
（例）ほかの星に行くには長い時間がかかる。なかには、地球のような惑星をもつ太陽のような星があるかもしれない。そこには生命があり、彼らは地球を訪れたかもしれない。しかし、彼らがどうやってそんなに長く生きる方法を見つけたのかは分からない。光がここまで来るのには何千年もかかるので、そこに到達するには光よりも速く進む宇宙船が必要だ。しかし、まだそれはない。それがいつになるかも分からない。ワームホールのショー(＊)を見たが、本物かどうか分からない。	（例）つまり、星は太陽のようなもので、周りに惑星があるかもしれないということですね。そして、あまりにも遠く離れているし、そんなに早く飛ぶ宇宙船もまだしばらくできそうにもないので、そこに行くには何千年か、さらにもっとかかるだろうということですね。

（＊）『モーガン・フリーマンが語る宇宙』という、ディスカバリーチャンネルのドキュメンタリー番組のことです。“a show on wormholes” で検索すると、情報が得られます。

③**ペアの一方が要約**——ペア同士で向かいあいます。一方の人が教師の話を要約して、相手に伝えます。

④**役を交代**——もう一方の人も同じメッセージを要約したうえで、まとめの要約をつくります。

⑤**この活動のポイント**——「分かりました。あなたは……と言いましたね」、「言い換えると……」、「あなたが言っていることはつまり……」などのフレーズを使うように指導しましょう。言い換えをする際には、重要な情報を聞き逃さないことが大切であると気づいてもらい、重要な情報を聞き取る方法をモデルで示していきます。

─掲載した表2－2は、この練習で活用できるワークシートの例です。

スキル4　考えを支える

「支える」とは、考えを根拠、事例、論拠で裏づけることです。根拠にはさまざまな形があります。いくつか例を挙げると、文章中の事例、調査の結果、研究の結論、統計、個人的な説明などです。また、根拠は、その質や考えをどの程度支えているのかという点において幅があります。可能なかぎり考えを練りあげるために、根拠を発見したり、活用したり、その説得力を評価したりする方法を生徒は身につけなければなりません。

生徒が根拠を活用するためには、「帰納的思考」と「演繹的思考」が必要です。帰納的思考では、まず根拠を決めてから、その根拠をもとに考えを形成していきます。つまり、出来事、対話、シンボル、データなどを見て、考えをつくりあげたり支えたりするためのパターンを見つけだすということです。一方、演繹的思考は、フィクションを読んだり、数学や歴史のパターンを調べたり、ある種の科学的課題に取り組んだりする際によく用いられています。

演繹的思考では、まず考えや主張をつくってから、それを支える根拠を探します。これは、解説記事や討論のなかでよく用いられています。生徒はまず、中心とする考えや命題、主張を明らかにする必要があります。そして、一つまたは複数の文章を読み、書き手が提供している根拠を探したり評価したりします。

学習会話では次の四種類の根拠が主に用いられますが、これらは帰納的思考にも演繹的思考にも用いることができます。

①文章中から――学習指導要領などでは、生徒が学習で使う教科書の文章のなかから根拠を見つけだすことを重視していますが、なぜ文章中の根拠を用いることが必要なのかについて生徒はきちんと理解しているでしょうか。試しに尋ねてみると、「そうしなければならないから」といったような答えが返ってくるでしょう。

文章中の根拠を用いる方法を学ぶことは、現在から将来にわたって考えをつくり続けていくうえにおいて大いに役立つという真意を生徒は理解する必要があります。

②ほかの文献や資料から――多くの考えは、一冊の本や一つの文章に限定されません。生徒には、今年読んだ本、昨年読んだ本、家で読んだ本、そのほかの本などからも根拠を探すように促しましょう。また、ウェブページ、テレビ番組、映画、芸術作品など、そのほかの多様な文献や資料を使うこともできます。(17)

こうした情報源を利用する際には、クリティカル・リテラシー(18)に関する指導をすることも忘れないようにしてください（たとえば、情報源の信頼性を評価する方法をモデルで示すなどです）。
③現実世界から――今、世界で起きていることに生徒が目を向けられるような指導をしましょう。教師は、現実世界と教室を生徒が結びつけられるように手助けをしなければなりません。日常生活から事例を探しだすなど、拡張的な学習活動を授業に取り入れてみましょう。
④自分自身の生活経験から――生徒は（大人も）、自分の生活経験から得た根拠や事例を共有するのが一番簡単だと思うでしょうが、それが理由で会話の目的がそれる場合があります。自分の生活経験から得た根拠が本当に有効かどうかについて考える練習が大切となります。

例外があるかもしれませんが、初めのうちは、①、②、③、④の順番で根拠を与えたり、求めたりするといいでしょう。生徒にしてみれば、①～③は飛ばして④からスタートしたほうがよさそうに思えますが、私としては最初に文章中の根拠の利用をおすすめします。文章中の根拠を重視すれば、生徒を本や文章に引き込むことができるからです。

---

(17)　文献や資料の多様化は、これからの教育の柱です！　かなり前から「金属疲労」ならぬ「教科書疲労」が教育界で起こっています。そのための対処法が描かれている『教科書をハックする』を参照してください。
(18)　「クリティカル」については、ｖページの注（3）をご覧ください。「リテラシー」は、狭い意味では「読み書き」と解釈されますが、より広義には「読み書きが起こるやり取り全体」と捉えることができます。

また、①から③に記した根拠のことを、生徒に「穴埋め問題のようなもの」と捉えさせるべきではありません。何が根拠としての説得力を強めたり弱めたりするのかを学ぶためには、モデルを見たり、見習って練習をしたり、何度も話し合う必要があります。また、根拠や考えの長所を客観的に評価・比較する方法を習得するためにも、多くの練習が必要となります。

では、ある根拠がほかの根拠よりもインパクトがあるかどうかについて、生徒はどのように判断するのでしょうか？　一つの方法は会話をすることです。会話によって、自分たちの用いた根拠について検討ができます（説得力の強弱を比較するのです）。

会話を積み重ねていけば、学習のなかでも、それを越えた場面でも、根拠の強弱を評価するために必要とされる思考が身についていきます。たとえば、自分の家族が主張する立場に関しても、支持する理由や根拠がそれほど強くないことに時間の経過とともに気づく場合があります。

次に示す六年生の会話で、「考えを支えるスキル」がどのように磨かれるのかについて着目してください。問いかけは、「『ギヴァー』(19)を書いた著者の目的は何だったのか？」です。

---

(1)　A　『ギヴァー』は、人間がいかに悪であり得るか、そして、その悪について知る必要があることを示している本だと思う。

(2)　B　どうして？

(3) A　登場人物のギヴァーがもっているのは、戦争と死に関するすべての悪い記憶だからです。つまり、本の一六七〜一六八ページに書いてあるように、「苦痛に圧倒されて、彼は何時間も恐ろしい悪臭のなかに横たわり、人や動物が死ぬのを聞き、戦争が何を意味するのかを知った」と彼は言っている。

(4) B　じゃあ、どうしてそんなことを覚えているの？

(5) A　それは、私たちがそのようなことを繰り返さないためだと思う。つまり、戦争をせずに人々を苦しめないということ。

(6) B　それには賛成なんだけど、子どもたちは大人になるまでそのことを全部知るべきではないと思う。子どもたちが戦争をはじめるわけじゃないから。

(7) A　同感。だから、彼らはギヴァーという職を置いていたのかもしれない。そうでなければ、新しい戦争をはじめるかもしれない。たぶん彼らは。

(8) B　うん。失敗から学ぶ必要がある。私たちの歴史のように、二度の世界大戦があり、罪のない人々が殺され、テロもある。

(19) アメリカの児童文学作家、ロイス・ローリーによる近未来小説です。作品の舞台は遠からぬ未来の、管理社会下のディストピアです。そのなかを、一二歳になる主人公の少年が葛藤を抱えながら生きていく姿が描かれています。邦訳書としては『ギヴァー　記憶を注ぐ者』（島津やよい訳、新評論、二〇一〇年）があります。

(9) A それから、多くの人たちが爆弾や飛行機や軍隊にお金をつぎ込んでいるけど、ホームレスやそのほかの人たちに使うこともできるはず。
(10) B 薬とか？
(11) A そう。
(12) B うん。でも、どんな過ちを知っておくべきなんだろう？
(13) A つまり、どのようなことが私たちを助けて、ひどいことをしないようにするかってこと？
(14) B 爆弾、核、そして戦争ね。
(15) A 傷つけあうことの繰り返しというのも、どうなんだろう。

生徒が考えをつくりだすために、文章中の根拠や現実世界から得た根拠を使っていることに注目してください。理想的には、この考えをさらに練りあげるために、同じ問いかけを使ってほかの生徒とも会話をするとよいでしょう。

本章のこのあとでは、生徒の考えを支えるスキルを向上させるために役立つと思われる三つの活動を紹介します。

アクティビティー(2-10)　根拠になるか、ならないか

この活動は、『Bringing Words to Life: Robust Vocabulary Instruction（言葉を生き生きしたものにする～確かな語彙指導）』［参考文献2］を翻案したもので、ある考えを支えるときに用いられる、さまざまな根拠の説得力や関連性を評価するときの能力を高めるものです。この活動では、「説得力や関連性が強い」と「弱い／無関係」という言葉を線の両端に記した図を使います。生徒は、この図のなかにカードを配置しながら、なぜその場所を選んだのかについて議論します。

①**根拠を必要とする考えを示す**――生徒に考えを提示します。たとえば、「人間のクローンを作成してはいけない」。

②**複数のカードを準備する**――根拠のカード、理由づけのカード、事例なしのカード、不十分な根拠のカード、無関係な考えを記したカードを配ります。

③**根拠になるカードはどれかについて話し合う**――生徒は、考えをより強く支えるのはどのカードかを話し合い、選択します。たとえば、「生物学的には、一人ひとりが固有であるように意図されていたはずだ」と「平均的なアメリカ人を対象にしたある調査によると、七二パーセ

ントがクローン人間の作成に反対している」は、程度の差こそあれ考えを支えますが、「クローニングとは生物学的コピーを作成することをいう」と「クローニングは重篤な病気を治す方法を生みだすかもしれない」は、考えを支えるとはいえません。

④この活動の発展編――生徒がこれらのカードをつくってもいいでしょう。

アクティビティー（2-11）説得力の高い根拠を選びだす

この活動は、より確かな根拠を用いて自分の主張や理由を支えるスキルを伸ばすためにもっとも効果的な練習法です。根拠なら何でもいいわけではありません。さまざまな種類の根拠を比較して、それぞれの相対的な強弱を評価させます。手順は次のとおりです。

①教師によるモデルの提示――例を挙げて、「考えの支え方」にさまざまな種類があることを発見し、利用し、評価する方法についてのモデルを示します。例のなかには、主張を支えるうえで相対的に強度の高いものを含めておきます。**表2-3**は、七年生における理科の授業でのサンプルです。

②文章中の根拠の説得力をペアで検討する――ペアになって記事を読み、**表2-3**のようなチャートを使って、根拠と推論の質を分析・評価します。次のような発言を促します。

表2－3　考えの支え方の種類とそのサンプル

考え「マラリアを予防するためにメフロキンを使用する価値はない」	
根拠のタイプ（種類）	**根拠の具体例**
事実／統計	アメリカ医療薬剤師会によると、メフロキンは重篤な副作用を引き起こすほか、うつ病、幻覚、不安などの精神衛生上の問題や、平衡障害、けいれん発作、耳鳴りなどの神経学的副作用を長期にわたって引き起こす可能性があるとされている。
専門家からの引用	最終的には、WHO のマリアンヌ・スティーブンス首席報道官が指摘する次の問題に取り組まなければならない。それは、「より毒性の強い予防物質を使用せずにマラリアの発病を減らすことがますます困難になっている」というものである。
関係者からの引用	ネパールを訪れたある旅行者が、「マラリアにはかかりたくありませんが、おかしな悪夢やそのほかの奇妙な副作用が続いています」と話した。
信頼できる情報源からの引用	WHO の最近の報告書によれば、研究者らは今後5年以内に、特定の種類のマラリアが現在の予防薬に完全に耐性をもつようになるだろうと予測している。
事例	昨年11月、奇妙な症状の旅行者が多数、地元の診療所に運ばれた。全員がマラリア予防のためにメフロキンを使用していた。
個人の体験談	最近ネパールに旅行したとき、メフロキンを使っていたのにマラリアにかかった。
対比（比較）	それは、特定の種類の放射線でがんを治療することに似ている。放射線は、体の特定の部位に予期しない害を及ぼす。
類比（比喩）	蚊はスパイなのだろうか？　私たちが行うすべての攻撃に対して、蚊とその寄生虫はすぐに適応するようになる。

（＊）翻訳協力者から「話し合う活動や書く活動のなかで、『そもそもそれは根拠になるの？』と言えるようなこともそのまま根拠として扱われてしまうことがあるような気がする。また、この表に示された根拠の種類を知っているか知らないかで、自分の考えについて、説得力をもって伝えられるかどうかが大きく変わってくると思う」というコメントがありました。事実やデータがあるということと、それを根拠として使えるというのは別です。この表を参考に、ぜひアクティビティーを実践してみてください。

「詳細でていねいな引用はとても気に入ったのですが、それは一人の意見にすぎないので、もっと多くの人から話を聞く必要があると思います。……」

③さまざまなタイプの根拠を見つけだす——生徒に興味のあるテーマを選択させ、考えや主張を提示し、その根拠をいろいろな角度から集めて自分の表（**表2－3**参照）に記入させます。列を追加してもいいです。すべての行の根拠を出す必要はありませんが、この表があれば、さまざまな根拠の種類に目が向けやすくなります。そして、それほど注目していなかった種類の根拠が、自分の考えを強化するのに役立つかもしれないと気づけます。

この表は、穴埋めするための単なるワークシートではなく、考えを練りあげるためにもっとも説得力の高い根拠を見つけだすためのツールであると、生徒にしっかり伝えます。

アクティビティー（2-12）インフォメーション・ギャップ・カード

この活動は、お互いがもつ情報の違いを利用した話し合いです。生徒は、自分の知識（根拠、事例、理由、説明などを含む）をパートナーと共有し、課題達成を目指します。多くのやり方では、ワークシートなどの学習材に情報の不足部分をつくり、必要な情報を記入します。たとえば、ワークシートAに必要とされる情報を生徒Bがもっていて、逆に、ワークシートBに生

図2－3　インフォメーション・カードの一例

カンジキノウサギ

生息地：灌木の多い山林
食べ物：葉、草、樹皮、芽、小枝
天　敵：オオヤマネコ、キツネ、
　　　　コヨーテ、フクロウ、ピューマ
特　徴：冬は白、夏は茶色の毛皮。雪上を歩くための大きな足。捕食者をみつける大きな耳。ほとんどが夜行性（夜に外に出て食べ物を探す）

徒Aの情報が必要になるといった具合です。

また、「インフォメーション・カード」を活用することで、カードに書かれている内容の専門家（エキスパート）にもなれます。生徒間で根拠や事例を収集するやり取りをすれば、考えを支える力が向上します。もちろん、パートナーが共有する内容に耳を傾け、「明確にする質問」をすればその力を伸ばせるでしょう。[20]

たとえば、動物の生態を書いたカードを四種類つくります（生徒がつくってもいいでしょう）。カードの色は別々にします。また、モデルとして使う五枚目のカード

(20)　これまでのインフォメーション・ギャップの活動とは違い、演技的な要素が加わっている点と「考えを支える」というスキルに焦点を当てている点に特色があります。とくに二点目が本書にとっては重要です。単に情報を与えあうだけで終わってしまうことがないよう、これらの点を意識して取り組む必要があります。

も準備します。問いかけは、「パートナーの住んでいる場所に引っ越すことを考えています。どうすればそこに適応して生き残ることができるか、相手に尋ねてみよう」などとして、次のような手順で進めます。

①教師によるモデルの提示——インフォメーション・カードを用いて、問いかけに答えるとき（手順③）のモデルを示します。たとえば、次のようにです。

「私はカンジキノウサギで、山林に住んでいます。草や葉を食べるのが好きですが、冬には樹皮や小枝しかないので、それしか食べません。たくさんの捕食者を避けるために、冬は白くなって雪に溶け込み、夏は土汚れにマッチするように茶色になります。大きな耳を使って、厄介な捕食者の声を聞いています。大きな足は、スノーブーツのように、雪の中を逃げるのに役立ちます。たとえば、先日、ヤマネコが追いかけてきたことに気づいたので振り向いたら、彼は胸まで雪に埋もれていました。彼を助けに行ったか、ですって？　まさか」

また、難しい言葉は身ぶり手ぶりなどで補足します（超低周波、反響定位、夜行性など）。

②自分のインフォメーション・カードの情報を覚える——生徒は自分のカードを読み、その情報を覚えます。カードをほかの人には見せないようにします。

③ペアでの伝えあいをする——異なる動物の人とペアを組みます。動物になりきって一人称で

話すといいでしょう。最初に動物の名前を言います（これは動物の名前当てゲームではありません）。話している間、必要に応じて自分のカードを少しだけ見てもいいですが、最後の伝えあいではカードをほとんど見ないようにします。次のような質問や応答が出てくるように促します。

・君は誰？
・どこに住んでいるの？
・食べるうえでの体の適応は？（○○○を食べるので、○○○があります。）
・危険を避けるための適応は？（○○○が天敵なので、私の体は○○○となっています。）
・もっと明確に言ってもらえる？
・何か例を挙げてもらえる？（そういえば、以前○○○のようなことがありました。）

④**ペアでの伝えあいの支援方法（教師からの働きかけ）**――教師は、質問に答えるだけではなく、適応に関する考えをつくりあげることが学習の目標であると思い出させます。メモを取ってもいいですが、相手が話している間は書かないようにさせます。三回目になったら、「言い方例」を見ないで挑戦するように伝えましょう。

⑤**新しいペアで繰り返す**――これをさらに二回繰り返して合計三種類の動物と出会い、それぞれの動物が生き残るためにどのように適応しているのかについて学びます。自信がついてくる

と、カードをあまり使わなくなり、活発なやり取りが行われるようになります（マナーの範囲内で）。たとえば、次のようにです。

「あるとき、こんな大きなヒョウが私のふくらはぎに近づいてきたの。私はヒョウを見て、まず安全な距離を保つようにした。そして、私の特殊な超低周波技術を使って、私のふくらはぎは危ないわよってご忠告申し上げたわ。もちろん、誰にも聞かれないようにね」

⑥活動のまとめ――まとめとして、クラス全体で話し合いをします（この場合なら、動物の適応に関してなど）。

まとめ

効果的な会話は、常に一つ以上の考えを生みだすものです。会話に参加するすべてのパートナーは、少なくとも一つの考えを確立しようと努力し、「明確にするスキル」と「考えを支えるスキル」（「スキル３」および「スキル４」）を発揮する必要があります。お互いの頭の中にしっかりとした考えがつくりあげられるような手助けをすれば、生徒たちに自信とエイジェンシーの感覚[21]が育まれます。つまり、自分がつくりだしたものを誇りに思い、自分のものだと思う感覚です。

それは、ほかの人の考えを暗記して、テストの点数を取るといった場合とは対照的なものです。

さらに、考えを明確にしたり支えたりするときには豊かな言語力と思考力が必要になりますが、交流を重ねるにつれてそれらは高まっていきます。

とはいえ、会話がつくりだす考えは一つとはかぎりません。たとえば、討論はどうでしょうか。討論では、二つ以上の競合する考えをつくりあげ、それらの説得力を評価・比較して選択する必要があります。それが「スキル５」になります。次章では、これに焦点を当てます。

(21)　七～八ページを参照してください。

第3章

協働して取り組む討論

たとえ険しい道のりでも、真実や成長につながる方法で議論しよう。

討論というと、声を荒げて、相手を打ち負かそうとしている様子を思い描くかもしれません。また、興奮したディベートや法廷での様子を思い浮かべる人もいるでしょう。

協働して取り組む討論は、それらとは異なったものです。第一に、勝つことが目的ではありません。ディベートのように、一つの立場を選んで、反対の立場の根拠よりもどれだけすぐれているのかについて争うものではないのです。そうではなく、真実を追究することや、もっともよい判断をすることに焦点が向けられています。

第二に、協働して取り組むことが目指されています。それは、議論を通してすべての立場についての考えを協力してつくりあげるということです。最終的には違う立場を選ぶかもしれませんが、議論を通してともに取り組むのです。

これらのことから、本章の主要なスキルは「根拠を評価する」とします。このなかには、客観的かつ合理的に決定すること、交渉すること、説得力があるのはどちらかについての判断の違いを受け入れること、が含まれます。ですから、よい評価を得るためには、生徒は二つ以上の競合する考えをしっかりとつくりあげる必要があります（その例として、第2章で示したそれぞれのスキルを効果的に使えているかどうかがカギとなります）。

討論は授業の熱量を高める、とよくいわれます。しかし、本当でしょうか？　たしかに、討論における二つの立場間の緊張関係がもたらすエネルギーは、まるでライバル同士が戦うバスケットボールの試合のようです。バスケットボールと同じく、討論がはじまるまでは、どちらが勝つか、どのような展開になるのかはっきりしていません。多くの場合、教師はどちらが選ばれようとも学習の価値を見いだしますが、協働して取り組めているときは、より価値の高さを感じはずです。

討論における悪い習慣の一つは、初めに決めた自分の立場だけを擁護し、反対側の考えをつくりあげるときにまったく協力しないというものです。

たとえば、討論のなかで、「恐竜のような絶滅した種を復活させるべきだ」と主張していたとしましょう。心の中では、復活に反対する立場を支える根拠や理由をもっていたとしても、多くの場合、それを相手と共有しようとはしません。残念なことに、相手に勝つことを目的としているからです。しかし、協働して議論するためには、自分の判断を可能なかぎり保留し、もっているすべての情報を共有しながら両方の考えをつくっていく必要があります。そして、反対側の考えをできるかぎり尊重していくといった姿勢が大切になります。

ある教師は、このような態度で生徒が取り組むことを促すために次のように言いました。

「最初から一つの立場を選ばないようにしてください。もし、選んでしまっているのなら、最後まで隠しておいてください。そして、反対側の根拠のほうが重要だと判断したら、潔く最初の意見を変えてください」

「すべての情報を得るまで待つ」といった、協働して取り組もうとする姿勢を身につけることは、学校生活やそれ以降の人生においてとても大切になります。

スキル５　根拠や理由づけの質を評価する

この章における「評価する」というのは、根拠に対して多様な価値づけをするということです。以前、私は、パートナーと新たな原子力施設を建設するか否かについて議論をし、賛否両方の考えをつくりあげました（その際、第2章に示した「スキル1」から「スキル4」を活用しました）。そして、私たちは、根拠を評価する形で双方の考えを天秤にかけました。

直感的に判断することもできますが、直感はあてにならないし、時によって判断を誤る場合がありますす。ですから、比較するための基準を客観的に用いて根拠を価値づけるほうがずっと堅実でしょう。

基準は、何かの価値や論理性を判断する際に使用されます。考えが異なる人とのコミュニケーションでは、どのような基準を用いるのかについて共有する必要があります。そのあとで、それぞれの情報はどの基準に関することなのか、その基準を用いてどのように論じられるのかについて同意を目指すことが大切となります(1)。

たとえば、熱帯雨林の木を伐採することの是非について評価する際には、短期的・長期的な経済効果、水の表面流出、動物の生息域の減少、薬になるかもしれない成分の喪失、それらについての倫理、といった基準を用います。

判断する基準には、分かりやすく定量化できるものもあります。たとえば、「これはそっちより時間がかかる」、「この品物はあの品物よりもお金がかかる」、「どちらも似たような品質だろう」と言うこともあるでしょう。しかし、学校の多くの場面では(そして生活においても)、個々に価値判断の異なる問題、根拠、理由について議論することが求められます。

たとえば、クリストファー・コロンブス(Cristoforo Colombo, 1451?～1506)のような歴史上の人物の貢献について評価することが求められたとしましょう。世界中の人々や特定の集団にとって、彼の行動にはどのような価値があったのでしょうか？　彼は植民地化やアメリカ大陸とヨーロッパの間での貿易を開始しました。しかし、奴隷制も彼のアメリカ大陸発見によって生みだされたものです。また、何十万人もの先住民が彼の到着以降に亡くなっています。彼は、貢献するどころか害を及ぼしたのでしょうか？　私たちはもはや、「コロンブス・デイ」(2)を祝うべきではないのでしょうか？

このような質問に答えるためには、それぞれによって大きく異なる考えを評価する必要があります。

多様な拠り所から基準は引き出されます（立場、環境、制度、家庭環境、個人的な経験、文化など）。ご想像のとおり、これらは一人ひとり異なる傾向をもっています。協働して取り組む討論においては、評価に使用される基準として、合理的であり、ほかの参加者に理解され、同意が得られる共通性の高いものが用いられます（それに対して独裁的な状況では、たとえそれが非合

(1)　ここで述べられているのは意思決定についての同意ではなく、用いる基準やその基準に関連する事実について同意するということです。基準を共有することによってかみあった議論が可能になる、と考えているのでしょう。抽象度が高いため、小学校高学年以上でないと難しいと思いますが、とても重要なプロセスだといえます。
(2)　アメリカの祝日（一〇月の第二月曜日）です。コロンブスがアメリカ大陸を発見したことを祝う日とされています。

理的なものであったとしても、独裁者や上司が基準を決めています）。それだけに、基準は参加者の間でよく検討されなくてはいけません。

生徒Aは、少なくとも論理や妥当性において生徒Bが用いる基準に同意する必要があります。そうでないと、生徒Aが提案するものは、すべて生徒Bにとっては意味のないものになってしまうからです。たとえば、生徒Aがある映画の完成度を評価したとしましょう。生徒Bがそれを決めるための基準（たとえば、筋書き、登場人物の成長、特殊効果）に同意していない場合だと両者の意見は一致しないでしょうし、会話も失敗に終わるでしょう。

生徒は、世の中における評価の多様性を理解すべきです。どれだけ多様な人が、多様な状況において、価値を評価するために基準を用いているのかについて彼らは理解できるはずです。たとえば、よい従業員であることの基準は、時間どおりに出勤して、遅くまで残っているという勤務状況だけではありません。専門性を備え、きちんとした身なりで他者とかかわり、生産的である必要があります。

このように、異なる領域の人々（たとえば、政治、医療、歴史、法律、教育、技術）は、根拠や考えを評価するための基準をそれぞれがもっていますから、それらの専門領域の理解を深めるために、その領域においてはどのような基準が用いられているのかについて生徒は学ぶ必要があります。もちろん、人生における多様な価値のある考えや、根拠を評価するための方法を自分で開発し続けることも重要となります。

とはいえ、多くの生徒にとっては基準の使用というものは馴染みがないでしょうから、数回のミニ・レッスン(3)でそれらを紹介し、用い方のモデルを示すのが効果的です。私は、「基準って何だろう？」と問うことからはじめて、レベルや程度の異なる基準が必要であることを生徒が学べるようにしています。そのあとで、根拠や事例の使用に移ります。学んだ内容は模造紙に書いて掲示しておき、年間を通して書き加えたり修正ができるようにしておくとよいでしょう。

根拠を評価したり比較したりする際や、それに基づいて決定を下す際には、多くの基準が用いられます。ここでは、よく用いられる基準を質問形式にして紹介します。これらの質問は、のちに示すアクティビティーのなかでも基準として用いられています。

費用はいくら必要ですか？——費用を知ることは、価値を判断する手はじめとなります。たとえば、健康増進につながる政策は投資額に見合うものになっていますか？

---

(3)　生徒が「する」ことを通して学ぶワークショップ・スタイルの授業で使われている方法です。教師が長い時間教えてもなかなか届かないので、一斉指導は最低限にとどめ（ミニ・レッスン）、生徒が実際にしているなかで、カンファランス（一対一ないし一対少人数）を中心に据えて教えるというアプローチです。詳しくは、『作家の時間』、『読書家の時間』、『社会科ワークショップ』、『だれもが科学者になれる！』を参照してください。

長期的な利益は短期的な損失に勝りますか？――長期的な利点と欠点は、短期的なものに対して公平に考慮され、評価されなくてはいけません。

それぞれの選択肢の将来的な影響はどのようなものになりそうですか？――決定の結果として、どのようなことが起こりそうかについてチェックする必要があります。似たような状況を根拠として参照できれば理想的です。

健康面でどんなよさや害がありますか？――心と体の健康は、人間が重視したい主要な基準です。

環境に対しては、どんなよさや害がありますか？――人類にとってかけがえのない地球環境を守ることについて、無視はできません。数多くの種が、利己的で短期的な決定のせいで絶滅しています。

倫理、道徳、公正、人権の尊重に配慮されていますか？――これらは、正しい行いや、人として価値のある行為を意味しています。生徒は、何が正しくて、何が間違っているのかについて、もっとも重要かつ主観的な基準の一つを用いて決めるための能力を高めなくてはいけません。個人と社会にとって、二つの選択肢のうちどちらがよいのかについて考える必要があります。

時間はどのくらいかかりますか？――時間に対して、どれだけ価値を見いだしていますか？

人類が存続していくうえで、どのようなよい影響や悪影響がありますか？――どれくらいの人が助かりそうですか？

すか？

その情報はどの程度信用できますか？——根拠にした情報には、どれくらいの偏りがありそうで

基準がさらに主観的なものや抽象的なものになれば、それらを使って評価する方法について、生徒へのモデル提示や練習の機会を増やしていく必要があります。

人々は互いに異なる価値観をもっていますので、評価の仕方に関しては異なる傾向があります。これらの違いが評価の難しさを生みだすわけですが、一方では討論を充実させることにもつながります。なぜなら、生徒には、ある側の根拠の価値や重要性を検討する方法について合意に至ろうと努力する必要があるからです。

ほとんどの場合、完全に一致することはありませんが、このような試みのなかでこそ、熟慮された考えや根拠、説明、交渉、学習言語の使用が見られます。

八年生の国語科の授業における討論の引用を見てみましょう。ＳＮＳの社会的価値について書かれた文章を読んだあと、教師が「ＳＮＳは社会にとって有害か、有益かについて、パートナーとともに考えをまとめましょう。根拠の強弱を評価するために、はっきりとした基準を使用しなさい」と問いかけました。生徒は、両方の考えについて根拠を出しあったあと、どちらが全体的に説得力が高い（たとえば、重要性や妥当性）のかについて話し合いました。

(1) **A** じゃあ、マイナス面のほうが大きいというのはどうして？

(2) **B** 一つは、人々がSNSからニュースを得るということだね。でも、そこで出されているニュースって、事実のものもあるけど、多くがフェイク（嘘）なんだよ。そんなフェイク情報を得るぐらいだったら、むしろ知らないほうがいいと思うんだ。

(3) **A** あぁ、そうだね。しかも、大多数の人はニュースを読むためにFacebookをやっているわけじゃないし。でも、毎日、それらが出てくるよね。嘘ばかりの(4)ニュースが。

(4) **B** そして、SNSは多くの時間を費やしてしまう。何百人もの友達とつながっている人を知ってるよ。彼らは、さらにほかのことをしているし。

(5) **A** この調査では、ヘビーユーザーには実生活で人と話すのが苦手な人が多いって述べられているよ。

(6) **B** じゃあ、プラス面は？

(7) **A** よい面としては、ほかの土地に住んでいる人みたいに、遠く離れた人同士がつながれることだよね。

(8) **B** 基準としては何だろう？

(9) **A** 人間関係。

(10) **B** 説明できる？

⑾ **A**　直接会って話したり、電話をしたりする時間がなかなかもてない人が多いよね。だから、彼らは遠く離れた友人がどうしているかを見るんだ。写真や動画でね。この文章によると、九〇パーセントの大人が人間関係のために Facebook を使っていて、十代の七〇パーセントがＳＮＳで友達とつながっている、となっている。

⑿ **B**　Twitter だったら、あまり時間をかけずにつながりが保てるよね。

⒀ **A**　膨大な時間をかけるのはよくないよね。でも、やたらと多くの友達とつながったり、一日に何時間も費やしたりするんじゃなかったら、人間関係をつくるうえではいいよね。

⒁ **B**　いいと思う。

やり取りのごく一部ですが、生徒が基準について考え、両面の根拠を比較するといったことに対してしっかり考えている様子が見られます。ご覧のように、基準を使用する場合の多くは、人々が何に価値を置いているかに依拠します。たとえば、私は対面的な会話に価値を置くかもし

（４）ここでは、ＳＮＳ上において「つながり」のある人を指します。相互に承認していれば、さほど親しくない人や実際には知らない人でもフレンドとして登録されます。このような友達の人数が多いこと（関係の質やどんな相手かを問わず）に価値を見いだし、むやみやたらに「つながり」を求めることが一つの社会問題になっているといわれています。

れないし、あなたはオンラインにおける大人数のグループとのつながりに価値を置くかもしれません。話をするなかで、評価や比較、交渉に取り組むことは、思考を深めるとともに説得力のある言葉の使用につながります。

口のうまいテクニックや誤った論理、偏りを認識して取り除くこと

口のうまいテクニック

根拠を評価するスキルは、広告主や政治家などが、非論理的で情報が不足しているなかでの判断を人々にさせようと思って使用している説得方法を見抜くときに役立ちます。それらのテクニックには、誤解を生む統計の使用、権威への訴え（例・医師がすすめる）、一般的な見方（例・誰もが信じているものですから）、巧妙なスローガン、感情に訴えかける言葉、誇大な比喩や類比、誇張、有名人による宣伝、一般人の訴え、そしてほとんど関連のない要素から因果関係を導くことなどが含まれます。

たとえば、昼食をたくさん食べる小学生ほど読解力の点数が高くなっていた、と報告されたとしましょう。これは、食べる量を増やせば読解力が上がるということを意味しているといえるでしょうか？　こういったタイプの誤った論理を見抜けるように、小学校段階から生徒を育ててい

く必要があります。

幼いころから、生徒は世界に対する自分の意見をもちはじめます。そして、自分は何者なのか、何を支持するのか、何に立ち向かうのかといった意思決定を、多くは比喩的に、時には文字どおりにはじめます。彼らは、自分のやり方や考え方に対して他人が意見を押しつけてくることをはっきりと認識しています。それだけに生徒は、決断した内容が自分の望む姿に近づくことを助けてくれたり妨げられたりする可能性があり、それらが永遠に影響するかもしれないといったことについて考える必要があります。

論理の欠陥

意見を裏づけようとして、欠陥のある理由づけが用いられている場合があることに気づけるように指導しましょう。誤った理由づけには以下のようなものが含まれます。

誤ったたとえ――似ているように見えるけれども、重要な部分が対応していない事例を用いることです。たとえば、脳と高性能なコンピューターが比較されることがありますが、そこには重要な違いがたくさん存在しています。

誤った因果関係――根拠なく結果と原因を結びつけることです。たとえば、「赤ちゃんの髪は歯が生えるより先に伸びるので、髪の伸びは歯が育つのに必要とされます」などです。

誤った論理――ある事柄の反対面が論証できないために正しいと主張することです。たとえば、「不正行為の根拠がないので、それは単なる偶然だ」というのは、不正がなかったことを証明するものではありません。

安易な一般化――主張したり結論を出したりするうえで、極めて不十分な事例しか用いないことです。「政治家の不正について新聞で読んだが、政治家はみんな堕落していますね」、などです。

感情へのアピール――感情に訴える言葉を使って、主張を根拠らしく見せることです。たとえば、次のようなコメントです。

「思慮深いみなさんであれば、ビニール袋を使用している人々は死に追いやられている無害な海洋生物の保護を怠っている、ということに賛成していただけるでしょう」

ごまかし――考えの証明にも支えにもならないのに、大量の根拠を提示しようと多くの文章や話を引き合いに出すことです。

生徒は、①読んだ文章のなかから誤った論理の事例を話し、批評する、②ほかの人が誤った論理を会話のなかで用いたら確認する、③自身の思考や話、記述のなかにある誤りを取り除く、といったことができるようにならなければなりません。相手に対して、次のようなコメントを返せるようにしたいものです。

「それは、因果関係というよりは相関関係じゃないかな。得られた効果にどのようにつながると考えているの？」
「それは悲しい話ですが、もっとしっかりした根拠をお願いします」
「〇〇〇が根拠となるように要約してください」

偏《かたよ》り

偏りはどこにでもあります。通常、偏りは、特定の要素だけを考慮したり、特定の見方を好む言葉を用いたり、モノや人を実際よりもよく見せたりするといった場合に現れます。意見をもっている人は、しばしば自分が同意しない根拠や理由づけを排除したり、軽く扱ったりします。とはいえ、偏りと意見は同じではありません。

物事を多面的に検討し、十分な情報に基づいた意見をもったとしましょう。ほかのことよりも特定のことに価値を感じているために一つの立場を取るわけですが、それによって生まれるのが意見です。それに対して偏りは、意図的に自分の考えとは異なる情報を含めなかったり、ほかの人が客観的な判断ができないようにするなど、一方に有利となる言葉だけを用います。たとえば、ニュースや新聞などの報道の多くは、特定の政治的な思想に偏る傾向がありますので、それらを支える出来事や言葉が選ばれています。(5)

コラム　「反対です」の発言は有効だろうか？

活動の際に「話し出しの言葉」を用意しておき、どのような言い方をすればよいのかについてサポートすることもできます。とはいえ、それらは必要に応じて用いるようにして、できるだけ早く隠すようにしましょう。また、それらが討論を通して考えをつくりあげることや、根拠を評価するという目的につながっているのかについて確認しましょう。

たとえば、「賛成です。なぜなら〜」、「反対です。なぜかというと〜」といった言葉ではじまる発言の「型」が使われている教室をよく見かけます。通常、「賛成です」という言葉は「反対です」とは違って問題にはなりません。しかし、賛成や反対を述べることがどのように役立つのかについて考える必要があります。

とくに、会話の早い段階で出されることにはどのような影響があるのでしょうか？　私が自分の考えを発表したとき、あなたが賛成かどうかは問題となるでしょうか（明らかに誤った意見や事実である場合は除いて）？　いいえ、なりません。大事なのは、考えをつくりあげるための根拠を探すことです。一方、あなたが直ちに反対したならば、私は心を閉ざして聞くことをやめてしまうかもしれません。「反対です」と言う代わりに、自分の考えを言いはじめるように生徒を促しましょう。「僕の考えは……」とか「私には別の考えがあるんだけど……」といった感じです。

会話をするということは、相手や自身の偏りに気づく契機となります。ほかの人と話し、課題を客観的につくりあげることを通して、考えの偏りが点検されるからです。真実を求め、客観的な方法で考えをつくることを大事にする学級文化があれば、生徒は偏りを捉えて、それらについて議論をはじめます。

たとえば、生徒AがSNSを使用することの利点ばかりを、欠点に触れることなく主張したとします。そうしたら、パートナーの生徒Bが思いつくかぎりの欠点を取り上げ、「自身の意見としてＳＮＳがほかの活動よりもなぜよいのかについて説明するように」と異議を唱えるといった姿を期待したいです。

会話のなかで討論の言葉を練習する

協働して取り組む討論にはどのような段階があり、どのような言葉が用いられるのかについて理解しておけば、円滑に取り組めます。

次ページの**表３－１**には、左側に各段階が、右側に言葉の例が掲載されていますが、これは効果的な討論に必要とされる多様な要素やスキルをモデルで示したり、説明したりする場合に役立ちます。

生徒のやり取りを観察するとき、これらの段階に沿ってよくできているところと課題となるところを探し、強化したりモデルを示したりします。**表３－１**を活用して、さらに自分たちでつくったり、異なる可能性を模索してください。

---

(5)　スラっと書かれていますが、この偏りに気づいている日本人はどれくらいいるでしょうか？　マスコミに偏りがあるのなら、教科書にも……？

表３－１　討論におけるステップと生徒の発言例

段階	発話例
①根拠が考えをどのように支えるか説明する。	・この根拠はどちらの側の考えも支えていません。なぜなら、この部分は登場人物が「おばさん」のことをどのように思っているのかを示しているからです。 ・研究室で色の変化があったので、反応したことを意味します。なぜなら……
②明確にするスキルや考えを支えるスキルを用いて、それぞれの立場からの考えをつくりあげる。根拠を把握する。	・こちら側の考えをつくりあげるための根拠はほかにありませんか？ ・今度は反対側の主張をつくりあげる必要があると思います。 ・二つ目の立場について、もっと考えておくべきだよね。
③根拠を批判する。それらの弱点を示す。	・この根拠は、一つの州で行われた調査からのみの数値で、アメリカ全体のものではないという弱さがあります。
④根拠の重要さや説得力の高さを評価するための基準を吟味する。	・どの基準を用いるべきでしょうか？ ・全体的なコスト（出費）を比べてみよう。 ・長期的な結果と短期的な結果が使えました。 ・著者の信頼性が使えるでしょう。
⑤それぞれの立場が用いている根拠の重要度を総合的に評価する。主張を比較し、もっとも説得力があって重要なものを選ぶ。	・それぞれの立場を総合的に検討した結果、以下の基準が重要であるため、こちらのほうがより説得力があると判断します。 ・こちらの立場が優勢です。なぜなら、長期的に見れば…… ・私は……に価値を感じますので、こちらの立場のほうが重要だと思います。
⑥なぜその立場を選んだのか、理由を明確に伝える。	・私たちはこちらの立場がより優勢であるという点で合意しました。なぜなら、根拠としての……は、何が重要かという評価基準でより高得点となったからです。 ・私たちは最終的に不一致となりました。なぜなら、私は○○に価値を置いているのですが、彼女は□□に価値を置いているからです。

協働して取り組む討論を改善するための活動

以下のアクティビティーの目的は、①客観的な視点で競合する考えをつくりあげる、②根拠の質を評価する、③競合する考えを比較して選択する、④選んだ理由を説明する、といったスキルを身につけることです。

また、ほとんどのアクティビティーには手順が定められていますので、①特定の会話スキルを使ってみることを支援する、②どの生徒にも十分に話したり聞いたりする時間と手立てが確保されている、といったよさがあります。

アクティビティー（3-1）　長所と短所を即座にスイッチ

この活動は、話すスキルを生徒が身につけ、話題の長所・短所について思考を鋭くする際に役立ちます。また、適切に思考を転換して発言する練習にもなります。準備は必要ありません。楽しく、簡単にペアで行うことができます。年間を通して複雑さが増していく学習会話の基礎を養うにおいては効果的な活動だといえます。

①協力者選びと役割の確認――活動の一部をモデルとして示すために、教師のパートナーを務めてくれる生徒を選びます。この生徒には、教師が話し手の役をモデルとして示す間、監督（聞き手）を務めてもらいます。何回かのやり取りの間（左の③を参照）、教師は話題について賛否の両面を話します。監督には、両面の話をしっかりと聞き、話し手が賛否のどちらに偏っていたと思うのかについて最終判断をする役割があると伝えておきます。

②モデルを示すための話題選び――話題は、選択肢のなかから話し手（教師）が選ぶ場合が多いです。もちろん、監督が選んでもいいですし（その場合は、話し手の即興性が試される）、教師が設定した共通の話題に全員が取り組んでもいいでしょう。

③教師と協力者によるモデリング――監督が手を叩いてから、「長所！」とコールします。そうしたら、三〇秒程度で話題の長所が強化されるように、事例や根拠を用いて話します。いくつかの発言があったら、監督は手を叩いて「短所！」とコールします。今度は、速やかに話題の短所側にスイッチし、「しかしながら」、「一方で」、「その反面」といった言葉を用いた発言をはじめます（しかし「でも」[6]は禁止です）。

短所について述べたあと、監督が再度「長所！」と「短所！」を繰り返します。すべてのやり取りを終えたら、監督が考えの偏りを指摘します。たとえば、「あなたは〇〇〇の側に寄っていたと思います。なぜかというと、〇〇〇だからです」といったようにです。

④話題選び――この活動にあった話題の一覧をクラスに提供します。以下のような話題であれば、初めての場合でも取り組みやすいでしょう。キャンプ、雨、買い物、映画、砂浜、テレビ視聴、犬、両親、旅行、運動、ドライブ、SNS、学校、自動車、ファストフード。

最終的には、学習していることに関連した話題を提供して考えられるようにします。たとえば、ベトナム戦争、歴史上の偉人、自由のために暴力を用いて闘うこと、特定の法律、科学技術、民主主義、共産主義、核エネルギー、ナポレオン、太陽、教育、などです。

⑤順番決めと注意点の指示――生徒をペアにして、どちらの役割を先にやるかを決めさせます。長所と短所を伝える際には、言葉だけでなくボディー・ランゲージや動作を用いるように促すとよいでしょう。監督には、話し手が話している間、頷きやアイコンタクトを用い、関心を示す態度を示しながらじっくり聞くべきであると伝えておきます。

⑥活動の準備――活動の前に、話すことを考えるための時間をとります。この時間に生じる沈黙を少し不快に感じるかもしれませんが、このちょっとした時間に、話題について考えておけば活動に取り組みやすくなります。

---

(6)「でも」を使うと、意見同士の関係性が不明確なまま相手の意見を打ち消してしまうからでしょう。日本の教室においても、声の大きい生徒が「でも」を連発して、自分の意見を押し通そうとする場面がしばしばあるようですが、建設的な話し合いにならないことは明らかです。

⑦活動の実施と留意点――モデルと同じ流れで活動に取り組みます。監督は、話し手が一つの文を言い終わっても、「長所」と「短所」が入れ替わるまでは手助けをするべきではありません。

たとえば、話し手が「SNSでたくさんのイジメが起きる」と言ったあとに沈黙したとしても、監督は無言で数秒間待ち、もっと説明が聞きたい、一文だけでは十分でないということを態度で示します。それでも話し手が続けないようであれば、以下の三つのうちの一つを監督が行います。

・言葉や考えを明確にするための質問をする（どんな種類のイジメ？）。

・事例や根拠を用いて考えを支えるように促す（SNSでのイジメの具体例を知っていますか？）

・話題の両面についてさらに考えることを目的として、説明が加えられるような考えの種《たね》を提供する（SNSと関連した自殺についてはどうですか？）。

そして活動を止め、監督が考えの偏りを指摘します。

「あなたは、○○○の側に寄っていたと思います。なぜかというと、○○○だからです」

⑧役割と話題の入れ替え――役割を交代して、話題を入れ替えます。同じ話題を使ってもいいですが、その場合には、前もって異なる資料や情報を与えておき、活動のなかで新たな情報が出てくるようにすれば意欲的に取り組みやすくなります。

⑨**必要に応じてシェアリング**――ペアでの活動が終わったら、一部のペアにクラスの前で演じさせ、その様子について全員で話し合うというのも効果的です。話し手の伝え方でよかったところは何だったのか、スムーズに長所と短所を入れ替えていたのかなどについてコメントをしあうというのもよい方法です。

この活動をアレンジすれば、長所と短所ではなく、賛成と反対（例・恐竜を復活させるためにＤＮＡを用いる）や共通点と相違点（例・植物の細胞と動物の細胞）、二つの立場（例・入植者と先住民）などでも実施できます。

アクティビティー（3-2）意見の物差しを使ったペアトーク

この活動は、六七ページで示した「三回連続ペアトーク」の変形です。

①**最初の意見づくり**――自信をもって最初の発言をすることができるよう、メモ用紙に書かせておくとよいでしょう。ただし、書いたものはひっくり返しておき、パートナーとの交流が終わるまで見ないように指示します。

②**活動の準備**――**図３－１**のような帯状の紙（物差し）を配付します。この物差しには、中央

図３－１　意見の物差しの例

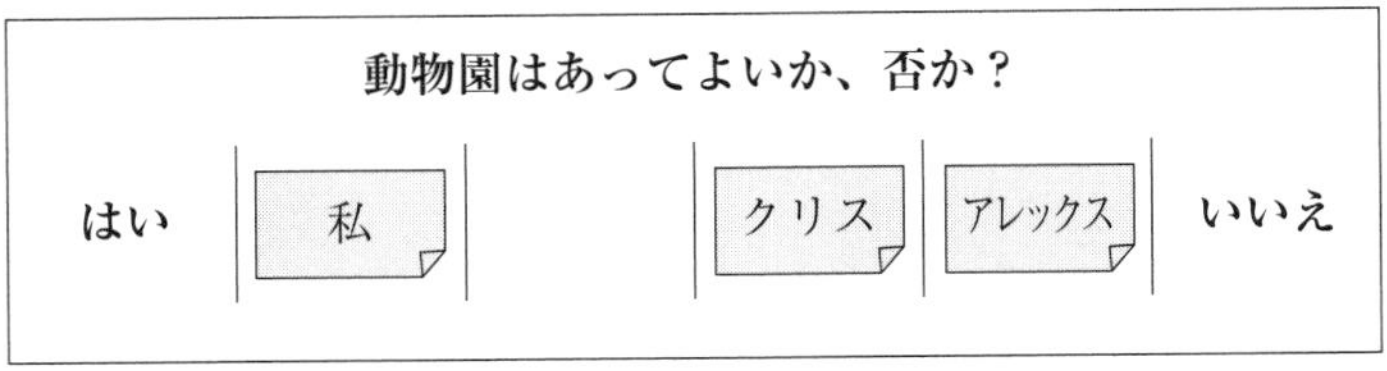

に問いが書かれており、両側には相対する意見が書かれています。生徒は、付箋紙《ふせんし》に名前を書き、問いに対する自分の意見と照らして、物差しのどこに付箋紙を貼ればいいのかを考えます。

③A列が話す——生徒は、AとBの二列になって向かいあわせに並びます。まず、A列の生徒がなぜその位置にしたのかについてパートナーに説明します。B列の生徒は、A列の生徒に対して、明確にする質問や考えの支えを探すための質問をします（例・その考えを支える根拠はありますか？）。パートナーの意見を明確にし、意識的に説得力が高まるように手助けします。

④B列が話す——合図があったら役割を交代します。とても短い時間で切りあげてしまうペアが多いので、勝手に交代させないようにします。今度は、A列が聞き、B列が話します。

⑤付箋紙の移動と交流——B列が終わったら、やり取りのあとで自分の意見が変わった人は物差しの付箋紙を移動させます。その際、移動した（あるいは、しなかった）理由をパートナーに伝えます。なお、考えが深まることは、必ずしも付箋紙を物差しの両極に移動させてい

くことではないと伝えておきましょう。なぜなら、物差しの中央に向かっても、そこに位置づける重要な理由があるかもしれないからです。

その後、短い時間で、聞いた情報や考えを踏まえて、次のパートナーとの話に取り入れたいと思うことについて交流するというのもいいでしょう。

⑥新しいペアで繰り返す――横に一つずれて、新しいパートナーと組みます。今度はB列の生徒が先に説明します。はじまる前に、前のパートナーから得た言葉や根拠（あるいは、反駁の根拠）を使用して意見を明確にし、説得力が高まるように意識させます。

⑦考えをまとめる――三人のパートナーと話したり聞いたりしたら、最終的な自分の意見を書きます。最初に書いた文章を見ないようにすれば、話すことによっていかに意見が変化し、鋭くなったのかについて実感できます。そのための手立てとして、ほかの人から得た情報の部分に下線を引くように指示するとよいでしょう。

次に示すのは、四年生の国語の授業における「意見の物差しを使ったペアトーク」の一場面です。「動物園はあってよいか、否か？」という問いかけで行われました。ほかの人の考えを聞いて、学ぶと同時に自分の考えを言葉にするといった行為を三回繰り返したことで、生徒Aの回答が明確で、しっかりしたものになっていっている様子が分かります（Tは教師です）。

(1) **A** 動物園は楽しいし、動物を見るのが好きだから、あってよいと思います。

(2) **B** 僕は反対です。動物たちにとっては牢獄のようなものです。それに動物は、みんなに見られることが好きではありません。

(3) **T** じゃあ、必要な人は付箋を移動させてください。そして、付箋を動かすことにつながった考えや根拠と、次のパートナーと話すときに使おうと思っている考えをパートナーに話しましょう。新しいパートナーと交代する前に、自分の答えは前回よりも強く、明確になっていることが重要ですよ。じゃあ、新しいパートナーと代わってください。今度はB列が先にやります。

(4) **C** 自然界で動物が生きていけないのなら、動物園はあってもよいと思います。去年、ケガをした動物を保護する動物園に行きました。そこには、羽の折れたワシもいました。だけど、ほかの動物園はよくないと思います。

(5) **A** 私は賛成だったんだけど、ちょっと右に動かしました。私自身、動物たちのように檻の中で過ごしたいとは思いません。まるで牢獄のようです。だけど、やっぱり動物園に行くのは楽しいし、動物を見たいと思います。あなたが言うように、いくつかの動物園は動物を保護していますね。

(6) **T** はい、意見がすっかり変わったのなら付箋紙を動かして。そうしたら、どの根拠や考えがあなたを動かしたのかについてパートナーに話しましょう。そして、あなたの回答が前回変更したときからすると説得力が高まっていて、明確になっていることを確認してください。さあ、交代です！

(7)

A　よく分からないなぁ。毎回、どんどん真ん中に寄っていきます。動物たちは、牢獄のような生活をしたくないし、人間に見られたくもない。しかも、檻は狭い。動物たちは悲しいと思いますが、なかには、ケガをしていて、人間を必要としている動物もいます。こういう動物園はいいと思うんです。たとえば、羽の折れているようなワシを保護するとか。しかも、動物園で私たちは学ぶことができます。だから、賛成にします。

アクティビティー(3-3)　引用カードを根拠に意見づくり

この活動は、文章を読む学習の前に行う場合が多いのですが、読後の活動として用いることもできます。生徒は、課題の両面についての理解を深めるために、カードに書かれた引用文を使用します。それから、しっかりとした情報に基づいた論理的な決断をします。

①**引用カードの準備**——課題について、根拠となるような引用文をカードに書きだしておきます。その際、いくつかの資料から集めて、課題のさまざまな立場を支えるものにします。

図3－2　引用カードの見本

スマートフォンは、不正行為をしやすくします。テストやノート、答えの写真を撮ることもできます。あるいは、スマートフォンを通してノートや教科書を見ることさえできてしまいます。現在のスマートフォンはとても小さいし、生徒は不正利用がうまくなっていて、不正行為を突き止めることがますます難しくなっています。

指導中、スマートフォンでメッセージを送ったり、遊んでいたりする生徒を発見するために、頻繁に板書中に振り返る必要がありました。教室内での遊びによって、多くの生徒が単位を落とし、とても多くの生徒が中退することになるでしょう。その最大の要因がスマートフォンです。

②**最初の考えづくり**——生徒に課題を伝えて、自分の考えをもたせます。

③**引用カードを根拠に用いる**——生徒にカードを一枚ずつわたします。生徒は、カードを読み、それらが自分の考えを支えるものか、納得できないものなのか、あるいは自分の考えを変えることになるものなのかについて考えます。

カードの内容を自分の意見の根拠にしなければならないということではありません。カードの内容が自分の考えの根拠にならないのであれば、反証の根拠として用いて、納得するだけの十分な説得力がないとする理由を説明します。必要に応じて、同じ引用文を持っている人とのペア活動を取り入れて、書かれている内容についての理解を確認しあっても

図３－２　引用カードの見本（続き）

校長先生は、「ビジネスマンや法律家、医者などは、学習や人とのつながりのためにスマートフォンをとても効果的に使用しています。生徒も、学校内でスマートフォンを使って学習方法を学んだり、伝達したりすべきではないですか」と主張します。

ある携帯用アプリでは、生徒は水の循環過程の関係を示しながら概念図を描くことや、全体がどのように見えるのかについて映像をつくったり、学んだ内容についての報告文を書きだすことができます。これらはすべて、スマートフォンの画面上で操作することができます。

よいでしょう。

④**ペアでの伝えあい**——異なる視点（異なる引用文）を持った人とペアになって、お互いに引用文を読み、課題に対する現段階の意見を述べあいます。このとき、質問をしたり、詳しい説明を促したりします。

ペアで伝えあったあとに、自分の意見を変えたり、考えの位置づけを修正してもよいことを伝えておきます。実際、これが一つのゴールとなります。

⑤**自分の考えの記述**——活動を終えたら、理由や根拠をはっきりさせて、現在の自分の意見を書きます。

⑥**文章を読み、再度考える**——文章を読み、読後に意見がどのように変わったのかについて確かめます。

⑦必要に応じてシェアリング――時間があれば、ペアトークを取り入れて、最終的にどのような意見をもったのか、活動の初めからどのように意見が変わったのかについて交流するとよいでしょう。

ここで、六年生の会話事例を紹介します。引用文は、森林伐採についての記事から取りました。森林伐採に賛成と反対の引用文が書かれたカードを、教師が三枚ずつつくりました。生徒Aとのやり取りを見ていきましょう。

---

(1) **A** 私の引用文は、「森林伐採の約半分は自給農業に用いられています。これは通常、地元の人びとによって、作物を育てたり家畜を飼ったりするために行われています」です。これを読む前は、森林を伐採してはいけないと思っていました。だけど、食料をつくるために必要とする人がいることに気づきました。

(2) **B** 彼らには、木材も必要だよね。

(3) **A** うん。だから、それもよくないとは思っているけれど、そこで生きる家族のために使うだけならばいいかもしれないね。

(4) **B** じゃあ、僕のを読むね。

「この三〇年間に、九〇パーセントの西アフリカと南アジアの熱帯雨林は消え去ったと推定される。加えて、四〇パーセントの中央アフリカの熱帯雨林と八五パーセントのブラジルの熱帯雨林が伐採された。これは、テキサス州の二倍にあたる広さである」

これは広大な森林面積だし、そこに農地ができたのか、あるいは何もない土地になってしまったということだよね。だから、よくないと思うんだ……家族のためだとしても。たぶん、彼らはほかのこともできると思うよ。

(5) **T**　はい、パートナーを代えましょう！　意見や理由を変えてもいいんですよ。引用文が自分の考えを支えるか否かについて話すこともできますよ。

(6) **A**　私は、「森林伐採の約半分は自給農業に用いられています。これは通常、地元の人びとによって、作物を育てたり家畜を飼ったりするために行われています」という引用文を持っていますが、木を切るのは絶対にいけないと考えていたので、この文章は私の考えの支えにはなりませんでした。食料をつくるために必要な家族がいたとしても、です。私たちも何かをしなければならないと考えています。Ｂの引用文に、九〇パーセント近くの森林がすでに失われたと書いてあったから。

(7) **C**　わぁ、それはひどいね。私の引用文は「木材業者は、ほかに安定した収入が得られない労働者の数百万人を雇用している。貧しい地域の地元の経済団体や政府は、木材生産による収益に依存している」です。数百万の人って多いよね。とくに彼らが貧しい状況ならば。だから、木材生産はよくないことだけど、食べ物を買えなくなってしまうかもしれないので、完全に止めるべきではないと思う。

(8) T はい、パートナーを代えましょう！

(9) A 私の持っている引用文は、「森林伐採の約半分は自給農業に用いられています。これは通常、地元の人々によって、作物を育てたり家畜を飼ったりするために行われています」です。私は、伐採は絶対ダメ、止めさせるべきだという考えからスタートしましたし、今もそれに近い考えです。なぜなら、さまざまな場所で九〇パーセントの森林が失われているからです。だけど、家族が生きていかなくてはならないとも考えています。貧しい地域では、木材生産がお金を稼ぐのに役立っています。そのお金で食べ物が買えますよね。いくつかの家族には、ほんの少し伐採して転職させる、そしていくつかの企業にもいくらか伐採させる、全部の木じゃなくてね。そこには、多くの生き物が生息しているから。

(10) D 私の引用文は、「熱帯雨林の植物は、独特な化学物質をつくることによって捕食者である昆虫から自身を守ります。その化学物質は薬の開発につながるので人間にも有益です。ガンの治療に用いられる七〇パーセントの植物が熱帯雨林の植物であると推定されています（国立ガン研究所）。熱帯雨林のたった一パーセント程度の植物しか、医薬上の特質が研究されていません」です。だから、人間は伐採を止めるべきです。ガンやほかの悪い病気の治療薬が得られるかもしれないからです。そして、あなたが言うように、多くの森林が失われています。だけど、人々を貧しくしたくないとも思っています。彼らには仕事が必要です。よく分からないけど……。

生徒Aによる、考えの広がりと変容が見られました。これは、生徒Aが聞いた話や引用文について考えをめぐらせたことを示しています。また、根拠としての文章の使用や、考えを形づくるために、引用文から多くの言葉を用いていることにも気づいたでしょう。この活動を通して、関連する話題の意見文を読むための準備が整えられていきました。

アクティビティー（3-4）討論の天秤

この活動は、課題の賛否の両面に関して、基準を重りにして天秤にかけ、「比較して決めるプロセス」を実感しながら理解させることを目的としています。

ツールには二次元版もありますが、カードを差し込める三次元版をおすすめします。天秤を使えば、課題について賛否両面の考えをつくりあげたうえで、どちらのほうが重要度が高いの

図３－３　討論の天秤

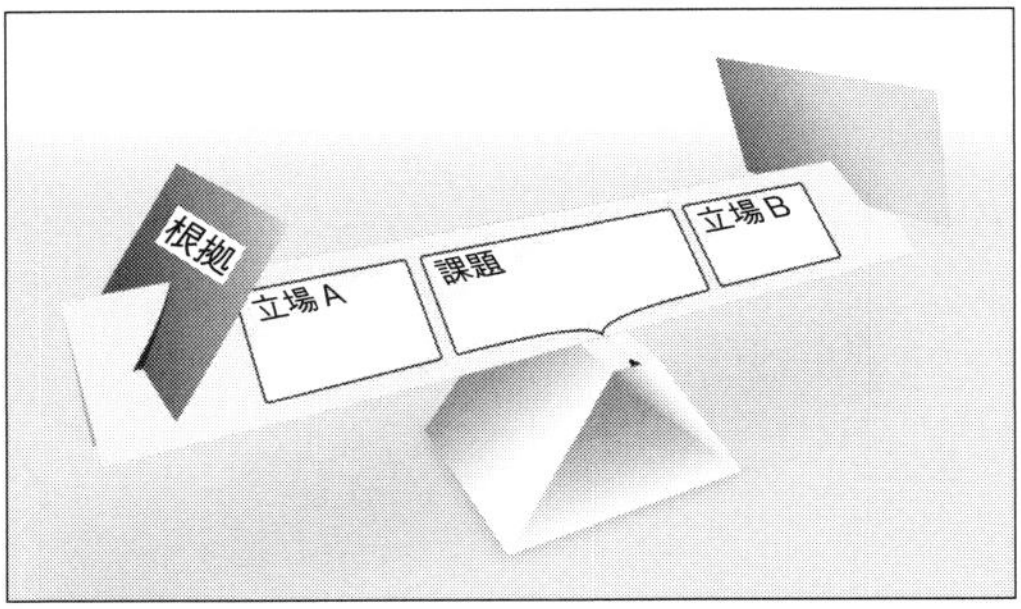

かについて比較しやすくなります。

この活動は、どの教科・領域の課題でも使える汎用性の高いものです。活動に取り組む際には、生徒がすべての立場の考えをつくりあげてから基準を使えば、客観的に判断できる大人に成長するといった期待を抱きましょう。こういった比較や決断の仕方を身につけた大人が増えていけば、世界を大きく変えられます。

生徒は、賛否の両面の考えを支える（＝重さを与える）理由や根拠、事例を協力して見つけます。自分の立場を最初から決めてしまうのではなく、賛否両面の理由や根拠について、協力して満たすまで判断を保留することが重要です。

はじめる前に、生徒とともに、この活動の取り組み方についてのモデルを示すとよいでしょう。モデルのなかで、天秤を完成させるためにはたくさん話す必要があると伝えます。理由や根拠を評価するための言葉として、次のようなモデルを示しましょう。

「どっちの側が重くなっている？　なぜだろう？」

「ほかの理由より重要な理由はありますか？」

「あなたはどんな基準を使用していますか？」

「この事例はとても重要だと思います。なぜなら……」


理由・根拠のカードは、重要さの違いを表すために、異なる大きさのカードを用意しておきます。重さの違いが出るように、クリップを使うという方法もあります。以下で、活動の手順を示します。

①**天秤を準備する**――それぞれのペアに天秤をわたし、天秤の両腕を組み立てます。

②**課題と二つの立場を記入する**――課題を明確にし、それを中央の四角に書き入れます。それから、課題に対する二つの立場（いくつかの主張がある場合は上位の相対する二つ）を明確にして、両脇の四角に書き入れます。

③**理由や根拠を集めて賛否両面の考えをつくる**――二つの立場について、それぞれの考えの理由や根拠をブレイン・ストーミング的に集めて、まずはリストに書きだしていきます。根拠には、引用や統計、個人的な体験談、データが含まれます。生徒には、すでに心の中でどちらかに傾いていたとしても、パートナーに知られないようにして、可能なかぎり協力して賛否両面をつくりあげる必要があると強調します（そうしておかないと、自分の好みでないほうに関し

てよい情報があった場合、隠そうするケースが見られます）。討論をしたあとに考えが変わるという場合がよくありますし、早い段階で一方の側についてしまわないほうが変容は起こりやすいものです。

④根拠を順位づけする——賛否両面の理由や根拠について重要度を協力して評価しあい、それぞれ上位の三つか四つを選びます。理由や根拠の重要度に応じて、リストから大きさの異なるカードに書き写し、その判断を説明できるようにしておきます。

学年が上がれば、説得力の高さや重要度を評価して比較するためにどのような基準を用いたのかについて明らかにさせたいです。ゆくゆくは、どの生徒にも、基準を比較して、優先順位をつけるというスキルを身につけさせたいものです（基準の例は、一一一〜一一三ページ参照）。これは、この活動において用いられるもっとも重要なスキルだといえます。

⑤根拠の欠点を考える——重要度の高い理由や根拠を見つけると同時に、理由や根拠の欠点も探すようにします。それらのカードを軽くする、といってもよいでしょう。たとえば、ある理由・根拠のカードが「ピザは健康的な食べ物ではない」というものであれば、ある生徒が反論して、「だけど、ピザにはタンパク質を含むチーズと、トマトソース、これは野菜なのでビタミンCを含んでいます。そして、生地には体にエネルギーをもたらす炭水化物が含まれています」（私も同意します！）と言うかもしれません。

欠点が確認されたら、理由や根拠の弱さを表すために、カードの角を一つか二つ切っておきます。

⑥重さの合計を比べる——賛否両面をつくりあげたあとで、もう一度基準を使って比較し、より重要なのはどちらなのかについて協議します。カード同士を対比させることも大切ですが、どちらの立場が重要であるかを判断するためには全体の重さを比較する必要があります。実際にやってみると、生徒によって価値を置くものが違いますので、どちらが重要であるかに関して不一致が起こるかもしれません。しかし、この活動においては、しっかりと理由づけをしながら考えあうことに価値があるため、判断が一致しなくてもかまいません。

⑦シェアリング——最終的な各自の選択とその根拠を発表しあいます。必要であれば、どちらの立場に決まったか、根拠とともに文章化させてもよいでしょう。

ここに、五年生における歴史での討論事例があります。討論の前に、生徒は天秤にカードを積んでいます。討論のための問いかけは、「あなたが植民地時代の女性であると想像してみましょう。女性の平等のために立ちあがり、女性は男性に仕えるものだという考え方に抵抗するべきでしょうか？　決断のために天秤を使いましょう。そして、一人称で現在形を使います。それは、『私』や『私たち』を使うということです」というものでした。

(1) A じゃあ、一つ目の根拠は、私たちは男性からひどい扱いをされているということですね。四六時中、私たちは暴力を受けています。

(2) B それは大問題です。もう一つの根拠は、人生においてやりたいことができないというものです。これも間違った考え方です。

(3) A 不公平ですよね。

(4) B 本当ですよね。もう一つ、信仰心だけではなく、怠惰なために男性がそれを信じていることです。男性は、私たちが彼らの奴隷であることを望んでいると思います。

(5) A 分かりました。じゃあ、もう一方の側に行きましょう。

(6) B 大きなものとしては、もし私たちが立ちあがれば男性は女性を「魔女」だと呼ぶでしょう。私が「男性と同等である」と言ったとしたら、男性は私を「魔女だ」と呼び、殺すでしょう。

(7) A 馬鹿げていますね。

(8) B うん。しかも、彼らは信仰心が強かった。では、ほかに何かありますか？

(9) A 女性のなかにも、それを信じている人がいます。だから、もし私がそういった人たちの一人であれば、立ちあがることもなく、不満を言うこともないでしょう。

(10) B なぜ、そのような人たちはそれを信じているのでしょうか？

⑾　A　分からないです。先生が言っていたように、当時の人びとは私たちとは考え方がかなり違うようです。でも、現在でさえ、多くの国においてそのように信じている人たちがいるようです。
⑿　B　本当ですか？　それは間違った考え方ですね。じゃあ、こちら側のほかの根拠はありますか？
⒀　A　いいえ。それでは決めましょう。
⒁　B　分かりました。じゃあ、賛成側は三つで反対側は二つですね。
⒂　A　でも、この殺されるというのは、非常に重いですよね。
⒃　B　そうですね……でも、ちょっと待ってください。もし、彼女たちが立ちあがろうとしなかったら……。
⒄　A　彼女たちじゃなく「私たち」ね。
⒅　B　私たちが立ちあがらなかったら、いつ終わりを迎えるのですか？
⒆　A　自分が死んだとしても？
⒇　B　うん、だって間違っていますから。死んだとしても、将来の女性たちを助けることになるかもしれません。

天秤があることで討論の展開が的確になっていましたし、賛否両面の考えをつくりあげることを、継続して意識するのにも役立っていました。やや機械的なやり取りも見られましたが、こういった練習は、のちにほかの場面でもいかされるでしょう。この活動には、当時の女性の役割を演じさせるというドラマ的な要素が含まれていますので、魅力的なものだといえます。

まとめ

本章でご覧いただいたように、協働して取り組む討論は、多くの教師や生徒が「討論」として考えている活動とは異なります。相手を論破《ろんぱ》することを目的としなければ、生徒は考えをつくりあげることや基準を適用すること、そして客観的な決定をより一層重視して取り組むようになっていきます。また、当然のことながら、これらのスキルは学校の壁を越えて、彼らがより良く生きていくうえにおいても役立ちます。

このように、生徒の内容理解や思考力、言語能力を高めることにつながりますので、協働して取り組む討論の可能性について、教師自身がぜひ認識を深めてもらいたいものです。

第4章 国語科での学習会話

本当のつながりとは、対面で会話をすることだ。

前章までに紹介した会話スキルは、ほとんどの教科に共通するものでした。本章では、国語科に限定して、用いられる思考スキルの種類、会話の成果（どのような考えが形成されるのか）、会話のもととなる問いかけ、そして会話を組み込んだ授業づくりの方法や事例を紹介していきます。

国語科の学習は、ほかの学習における基礎ともいえます。国語科では、まず言葉の使い方を学ぶ必要があります。それは、何かを成し遂げるために言葉を使うということです。また、言葉の仕組みを学ぶ必要もあります。文法や文章構成（論の組み立て方）などです。さらに、文章の書き方についても学ばなければなりません。とくに、意見文や報告文を書くためには、意見・主張とその理由・根拠が大切となります。

そして最後に、さまざまなジャンルの本や文章（ノンフィクションやフィクション）(1)を読む力を伸ばしていく必要があります。そのためには、解釈する、推論する、文学的な表現を工夫する（表現技法を使う）、考えの根拠を明らかにするなどのスキル向上が求められます。会話という活動を通して、生徒はこれら複数のスキルを同時に活用し、実際の生活のなかで使用しながら身につけていきます。

国語科のなかではさまざまなタイプの会話が行われますが、とくに大きなものは次の三つです。

❶ノンフィクションを理解するための会話
❷書くことを充実させるための会話
❸文学を解釈するための会話

これらは、生徒の言語能力や読解力を大きく発達させる可能性をもっているために選びました。(2)

ノンフィクションを理解するための会話

生徒は、すぐれたノンフィクションの読み手として成長する必要があります。もちろん、文章のない紙面（写真、手順書、取扱説明書、広告など）を理解することも大切ですが、ここでは、教科書教材、記事、エッセイ、伝記、その他の解説文など、学校でよく目にする文字ベースのノンフィクションに焦点を当ててみましょう。

次ページの**図4－1**は、「本や文章を理解するときに私たちは何をしているのか」を暫定的に示したモデルです。生徒が読むときに使う方法にはさまざまなバリエーションがありますが（そして「理解モデル」にもさまざまなものがあります）、読む力の未熟な部分を見つけるときにこのようなモデルが役に立ちます。中心の円は理解の本質――書き手の目的と読み手の目的に合致した、新しく明確な意味をつくりあげること――を表しています。

本や文章の理解は、図の五つの円がすべて連携し、それらの間を電光石火のごとく思考が飛び交うことで深まります。読み手は、語や文の一定のまとまりをつくり、背景知識を使ってその意味を思い浮かべ、ほかの知識と関連づけていきます。

そうしている間、読み手は、その意味が読むことや聞くことの目的に合致しているかを考えます。それと同時に、読み手は文章の中心をはっきりと捉えるために、「推論する」や「質問する」などの「理解するための方法」を使って、「解釈する」や「共感する」などの思考スキルを働か

(1)「ノンフィクション」は、教科書に載っている説明文や評論文だけでなく、情報伝達のために書かれた文章全般を指します。「フィクション」は、本章では主に文学的文章のことを指します。

(2) 本書ではアメリカの国語科教育が前提となっているため、「話すこと・聞くこと」の領域は挙げられていません。

図４－１　理解モデル

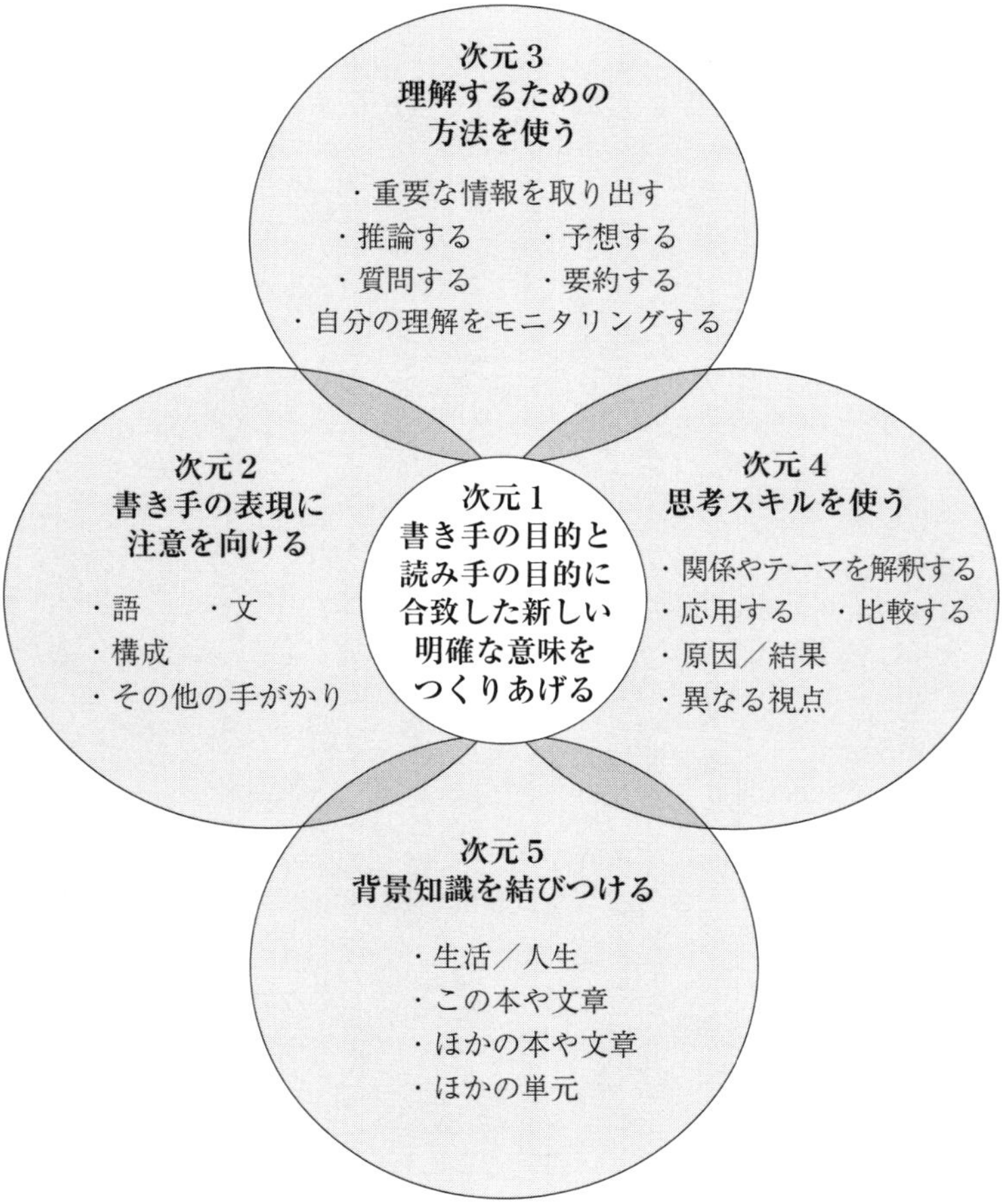
次元３
理解するための
方法を使う
・重要な情報を取り出す
・推論する　・予想する
・質問する　・要約する
・自分の理解をモニタリングする
次元２
書き手の表現に
注意を向ける
・語　・文
・構成
・その他の手がかり
次元１
書き手の目的と
読み手の目的に
合致した新しい
明確な意味を
つくりあげる
次元４
思考スキルを使う
・関係やテーマを解釈する
・応用する　・比較する
・原因／結果
・異なる視点
次元５
背景知識を結びつける
・生活／人生
・この本や文章
・ほかの本や文章
・ほかの単元

せます。そうです！　本や文章を理解するとき、読み手の頭の中ではたくさんの作業が同時に進行しているのです。(3)

図4－1のモデルを見ると、本や文章についての会話には豊富な内容が含まれていることが分かります。ほかの人は自分とは異なる理解をもっており、新しい発見、質問、回答、説明、議論を提供してくれます。二人の生徒が一つの文章について話せば、その文章の理解や解釈の可能性は大きく広がるのです。本や文章について会話をする生徒の頭の中は、実にたくさんの事柄について考えをめぐらせている、といってもよいでしょう。

そして、もう一つ大切な点があります。それは、全員が同じ本や文章を読む場合であっても、図の理解モデルである「五つの円」をどのように働かせるかは生徒によって異なるということです。つまり、それぞれの生徒はほかの人と共有すべきユニークな視点をたくさんもっているということです。

---

(3)　『「読む力」はこうしてつける』のベースになっている本の一つである『Mosaic of Thought（思考のモザイク）』のなかで、読むことは、ボクシングや相撲、そして剣道と同じように「アクション・スポーツだ」と書かれています。それらのスポーツと読むことの違いとして、「頭も含めたからだ全体で行われているのか、頭の中だけで起こっているかの違いだけだ」とも書かれています（九ページ、上記の本の三三ページで再掲）。聞く・話すでも、同じことがいえると思いませんか？

いうまでもないことですが、このモデルを書いたポスターを教室に貼って「やりなさい！」と指示するだけでは何も起こりません。理解に重点を置いた長くて豊かな会話を展開させる力を身につけさせるためには、粘り強く生徒を指導していく必要があります。

ここでは、ノンフィクションを題材とした「理解するための会話」を行う際に役立つ実践的な提案や問いかけのサンプルを紹介しながら、**図4-1**において五つの円で表した「理解の次元」(4)について説明していきます。幅広い範囲の本や文章を理解する力をお互いに高めるために、生徒たちは話し合うことになります。

理解の次元1――書き手の目的と読み手の目的に合致した新しく明確な意味をつくりあげる

会話では、生徒が本や文章に関する考えを協力してつくりあげます。これが中心的な理解スキルです。本や文章をより深く理解するには、ほかの四つのスキルを使いつつこのスキルを使わなければなりません。

ここで重要なのは、適切なスキルを適切なタイミングで用い、できるだけ効果的に考えをつくりあげることです。(5)読んでいる間、読み手は自分の理解をモニタリングし、不十分な理解に陥っていないか、別の方法を使って（たとえば、読み直す、語句の意味を確かめる、図をよく見る、誰かに質問するなど）修正する必要がないのかについて確認する必要があります。しかし、多くの生徒は、本や文章を理解していないということに気づいていません。そこで、会話が役に立ちます。

生徒にとって大切なのは（大人もですが）、自分がつくりだしつつある考えをほかの人に聞いてもらい、互いの理解を比べることです。考えが大きく異なる場合には、会話の相手と協力して、その理由を突き止めるようにしましょう。会話のなかでほかの生徒や教師の考えに出合うといった経験を長期間にわたってすれば、生徒は自分自身の理解力とモニタリング・スキルを向上させることができます。

このような中心的なスキルを伸ばすためには、生徒同士が次のような質問をしあえると効果的になります。

・書き手は、どうしてこの本や文章を書いたと思いますか？

（4）原著では、この円のことを「dimension（次元）」と呼んでいます。つまり、理解するという活動を五つの特徴で捉えて、それらが重なりあうことで理解が促進すると考えているわけです。

（5）理解できたことは何か、まだ理解できていないことは何かを自分で振り返って確かめるという行為です。つまり、自分の理解状況を自分で客観視することです。と同時に、これができないと、自らの理解を自分で修正・改善することはできません。

・私たちがこの本や文章を読んでいる理由（目的）は何でしょうか？
・〇〇〇という考えをつくりあげるうえで、この本や文章はどのように役立ちますか？
・この本や文章から得られた新しい考えは何ですか？
・この本や文章から学ぶ必要のあることは何ですか？
・この本や文章を本当に理解できましたか？　もっと深く理解するために、ほかに何をするとよいでしょうか？

読む目的や会話する目的はとても大切です。本や文章の意味を理解し、考えをつくりあげるために読むのであれば、会話は大きな成果をもたらします。しかし、とくに興味もない問題に答え、成績を上げるためだけに読んだり会話をするのであれば、それはつまらないものになるでしょう。会話するための魅力的な本や文章・問いかけ・目的を教師が数多く用意しておけば、生徒は深い会話に取り組むようになります。

理解の次元２――書き手の表現に注意を向ける

本や文章に関する会話の多くは、文章の一部分を読んだあとに行われます。もちろん、読む前に本文、見出し、図表を見て、そのなかにどのような考えが含まれているのかを予想する「テキスト・ウォーキング(6)」と呼ばれる会話もあります。

しかし、ほとんどの場合は読んだあとに話し合うことになるでしょう。そこで、本や文章を読んでいる間にノートを取り、難しい言葉を見つけて、会話のなかで取り上げるように促しましょう。たとえば、慣用表現なら、書き手はどんな表現効果をねらったのか、なぜこの言葉を取り入れたのか（取り除いたのか）などについて話し合えるとよいでしょう。

以下に、生徒同士が行う質問の例を示します(7)。

・書き手は、なぜこの言葉（文、段落、図）を使ったのでしょうか？

---

(6)　本や文章を読む前に行うアクティビティーの一つです。写真や図表、キャプション、見出し、文章中の太字部分、最初の一段落を読み、それらから得られる情報を言葉にします。「チャプター・ツアー」とも呼ばれます。すでに実践している翻訳協力者は、「読書が苦手な生徒に対して有効な方法」と言っています。本や文章を予想するという学習は、自立的な読み手を育てるうえにおいて大切なのですが、日本の国語の授業では、一読総合法や題名読みを除いて、普及しているとはいえません。

(7)　日本の国語の授業でも、叙述に基づいて話し合う活動や、文章中の語句を使って話し合う活動がよく行われます。しかし、それは文章の内容や書き手の考えを明らかにする目的で行われる場合がほとんどです。それに対して、本書の活動では本や文章中の言葉そのものを吟味させようとしています。

・この文章はどのように構成されていますか？　なぜ、書き手はそのように構成したのでしょうか？
・この文章を読み深めるために役立つのはどの思考スキルでしょうか？　文章中のどのような言葉（要素）からそう思いましたか？
・この文章のキーワードは何だと思いますか？　また、そう思うのはなぜですか？
・この長い一文は、どのようなことを意味していますか？

理解の次元3——理解するための方法を使う

「理解するための方法」をまとめたリストのほとんどには、「重要な情報を取りだす」、「要約する」、「質問する（問いをもつ）」、「予想する」、「推論する」が含まれています（それらのリストには、「背景知識を結びつける」や「未知の語句を発見する」といった要素もありますが、私のモデルでは別の次元に入れました）。

これらの方法をまったく使わずに読むことはできるでしょうか。たとえば、もし要約するといった機会がなかったら、長文の内容を把握することができません。文章中の分からないところを埋めるために、予想したり、推論したりすることができなかったら、理解するのが大変になります。また、問いをもつという意識がなかったら、本や文章から答えを探そうという思考が働きませんので、読みを深めることができません。

生徒の総合的な理解力を高めるためには、「理解するための方法」の使い方をモデルとして生徒に示し、自分で使ってみるように促すことです。以下に、会話のなかで生徒が使えるようにしたい質問の例を示します。(8) これらをお互いに尋ねあえば、「理解するための方法」を効果的に活用できるでしょう。

・……はどれくらい重要ですか？
・ここまでの内容をまとめてもらえますか？
・この段落を要約してもらえますか？
・（登場人物が）……したのは（書き手が「……」と述べているのは）なぜだと思いますか？
・次の段落（セクション）には、どのようなことが書かれていると思いますか？
・……を疑問に思っています。
・何か質問はありますか？

（8）「理解するための方法」を中心に、読む力を伸ばすことを目的に書かれている本が、『「読む力」はこうしてつける』と『理解するってどういうこと？』ですので、興味をもたれた方は参照してください。

理解の次元4――思考スキルを使う

授業で使う文章を理解するためには、思考スキルを使うことが必要です。ほとんどのノンフィクションでは、比較／対照、原因／結果、視点の切り替え、論証、生活への応用など、いくつかの方法を用いることで書き手の考えが構造化されています。本や文章について話し合う際に思考スキルが使えれば、生徒はより深く読めるようになるでしょう。

以下に、生徒が使えるようにしたい質問をいくつか示します。これらの質問は、思考スキルをより効果的に用いる際に役立ちます。

・この文章のテーマ／主張は何でしょうか？
・この根拠／データは何を示しているのでしょうか？
・……に関して、この根拠の説得力はどうですか？
・これらは、どのように関連づけられますか？
・……と……とは似ていますか？　異なりますか？
・……に関して、書き手はどのような視点に立っていますか？
・これらの考えを、どのようにして生活／人生に応用しますか？

理解の次元5——背景知識を結びつける

文章を読みはじめる前の段階であっても、本文中の手掛かり（図、題名、見出しなど）を活用したり、本文の内容と既有知識を関連づければ考えをつくりはじめることができます。また、本文に書かれている内容と頭の中にあるものとを結びつければ、その関係性やイメージを視覚的に捉えられます。もちろん、本文の内容に関する背景知識が多ければ多いほど、理解できる可能性は高くなるでしょう。

しかし、たとえ背景知識が多くなくても、関連性の低い知識であっても、それと本文とを関連づけて意味をつくりだす力を私たちは身につけています。

本や文章の背景知識を取り入れて会話をすることは、生徒にとっては次の三つの面でプラスとなります。

❶パートナーからより多くの背景知識が得られます。
❷本文の内容に関連する自分の知識を表現すれば、パートナーの反応が得られます。
❸ほかの人がどのように背景知識を関連づけたり活用したりするのかを観察できます。(9)

生徒が尋ねあう質問の例を以下に示します。

・このことを、これまでに出合った別の文章や問題、出来事と関連づけられますか？
・この文章をきっかけに生まれた（この文章から触発された）考えはありますか？
・本文中のこの部分を読んで、何をイメージしましたか？
・予想したり推論したりするとき、あなたの経験はどのように役立ちましたか？

すでにお気づきかもしれませんが、本節で提案しているのは、教師がよく発問している内容を生徒同士で質問しあえるようにすることです。もし、あなたが分身の術を習得していて、全員に対して一対一で指導できたらいいですよね。でも、それは不可能です。

そこで、生徒同士の尋ねあいが力を発揮することになります。つまり、生徒同士が教師のようになって、「理解するための質問」をお互いに交わしあえば、会話のなかで考えをつくりあげていくことができるのです。[10]

理解するための会話の事例

次の会話に出てくる二名の生徒は、国語の授業において、インドネシア・ボルネオ島の生態系に殺虫剤ＤＤＴが及ぼした影響について書かれた短い記事を読み終えたところです。[11]教師は、「書き手の主張を明確に捉えられるように、『理解モデル』の各次元から一つ以上の質問をしあいましょう。もし、短い答えが返ってきたら、その考えをもっと明確にしてもらうか、本文中の言葉で考えを支えてもらいましょう」と指示しました。(12)

---

(9)　これら三つを同時に達成できる類まれなる方法がブッククラブです。詳しくは、『読書がさらに楽しくなるブッククラブ』を参照してください。また、ここで紹介されている「関連づけ」と「イメージできること」は、一般的には「理解するための方法」（理解の次元３）に含まれています。詳しくは、一五五ページの注（８）で紹介した本で紹介されています。

(10)　本章を読んだ翻訳協力者から、「これらの『質問』を意識してできるかどうかが大事なのだと思います。一読者としては、そういう質問ができる生徒になっていくためにどうしたらいいか考えたいと思いました。提示して使えるようにしていくか、生徒ができたことに対して価値づけをするかなど、面白いです」というコメントがありました。本章のここまでの部分で、具体的な言葉とともに示されてきた「理解のための質問」を、生徒はどのようにして身につけていくのでしょうか。その指導・支援のプロセスを考えることにこそ、国語の授業を構想する面白さがあります。このあとで紹介されるアクティビティーも、その参考となります。

(11)　記事の出典は述べられていませんが、一九五〇〜一九六〇年代に世界保健機関（ＷＨＯ）がボルネオ島で実施したと伝えられる環境保全活動を扱った記事のようです。「ボルネオ島　猫投下作戦」などで検索すると情報が得られます。なお、ＤＤＴなどの農薬による環境被害の深刻さを訴えた作品として、レイチェル・カーソンの『沈黙の春』があります。

(12)　教材の内容は「食物連鎖」ですが、これは理科ではなく、国語科の授業での会話だということに注意してください。記事の書かれ方を批評する学習が展開されています。

(1) A 書き手は、どうしてこれを書いたんだと思う?

(2) B DDTの問題点を示したかったんじゃないかな。

(3) A それって、どんな問題点?

(4) B マラリアの予防のために蚊を退治したかったんだけど、ほかの生き物まで殺すという結果になってしまったんだ。最悪なことに……。

(5) A 食物連鎖にも影響を与えたね。だから、もう使わない。よし、君の番。

(6) B 「書き手の表現に注意を向ける(次元2)」を使うね。「生態系の一部、あるいは一部の生物が破壊されると、望ましくない連鎖反応を引き起こす可能性がある」ってどういう意味かな?

(7) A 僕が「disturb」を調べるので、君は「chain reaction」を調べて(二人は「disturb」と「chain reaction」の意味を辞書で調べる)。「disturb」は変化すること、つまり「cambiar」(スペイン語)のことだ。つまり、食物連鎖が……たぶん変化するのかな。

(8) B 「chain reaction」は「互いに引き起される一連の出来事」だって。これが起こったんだ。つまり、ゴキブリをトカゲが食べて、トカゲをネコが食べて、ネコが死んでネズミが入ってきたんだ。

(9) A うん。じゃあ、次に「思考スキル(次元4)」の質問を出すね。本文の重要な考えを支えている根拠は何でしょう？

⑽　**B**　連鎖反応だと思う。君が言ったように、これは本当によくない。人びとが死んじゃうんだから。じゃあ次は、「理解のための方法（次元３）」の質問をして。

⑾　**A**　なぜ、人びとは死ぬのですか？

⑿　**B**　病気になるから。ネズミや、ネズミにつく虫のために。ノミだね。

⒀　**A**　Y es peor que la malaria（スペイン語で「しかも、それはマラリアよりも相当ひどいね」という意味）

⒁　**B**　本当に。

この会話は、本書のほかの事例と比べて自然な流れになっていません。それでも、「理解モデル」に基づいたいろいろな質問をすることで、会話を広げ、理解するための方法を身につけるのに役立っていると分かります。

質問の組み合わせ方や仕方に関しては、いろいろな方法を試してみてください。上達するためには練習しかありませんから。ただし、生徒が質問したり応答したりするのは理解するためであって、成績をよくしたり、あなたを喜ばせたりするためではないということだけは踏まえておきましょう。

書くことを充実させるための会話

学習会話は、書くことの学習にも役立ちます。文章を書く活動に取り組む生徒に、口頭による豊かな表現活動をもたらすからです。

書く前に会話をすれば、作文で使おうとしている言葉を練習し、自分が言いたい内容を相手がどれだけ理解してくれるのかについて確かめられますし、自分の文章に使える新しい言葉をほかの人から知ることもできます。

また、文章の下書きをし、編集し、修正しているときに会話をすれば、パートナーからのフィードバックを通して、使っている言葉の明確さが分析できます。さらに、文章を書き終えたあとに会話をすれば、自分の考えをさらに練られるだけでなく、文章に使った言葉の適切な用法を改めて練習することもできます。

書くことを教えるための多くの方法に会話を取り入れれば、一層効果的なものになります。以下において、いくつかの方法を提案します。

文章を書く過程には**表4-1**に示したような各段階がありますが、会話はそのほとんど[13]の段階において役立ちます。短い会話や長めの会話を、教師によるモデルの提示やガイダンスと組み合

表４－１　会話によって書くことの各段階を強化する方法

段階	指導例（会話による工夫）
①何を書くかをブレイン・ストーミングする（クラス全体で、または小グループかペアで）。本や文章を読んだり、見たりしたあとに行う。一つの考えを選ぶ。	２人一組になって考えを出しあう。次に、それらを絞り込んで、どれを書くのがよいか、そう考えるのはなぜかを話し合う。
②考えの記述に必要な情報を収集・整理する。	足りない情報を補う方法や、文章に説得力をもたせる方法について会話する。また、情報や対立意見の整理の仕方についても話し合う（たとえば、蜘蛛の巣図、Ｔチャート、討論の天秤(＊)を活用する）。
③最初の下書きを書く。	下書きをしたあと、ペアをつくり、自分が書いた文章の「リハーサル」をする。一文ずつ、交代で、自分の原稿を読みあげていく。そして、その文は整っているか、分かりにくい部分はないかを協力して判断していく。パートナーは、「どんな考えを書いてるの？／それは一番強力な根拠かい？／その根拠は主張をしっかり支えているかな？／……の意味を明確にするために、いくつかの文を追加したらどう？」などの質問をする。
④文章を修正し、より説得力が高く明確なものにする（教師やクラスメイトなどのフィードバックを利用して）。	新しいパートナーを見つけ、自分の原稿を読んでもらう。パートナーは、考えを整理・追加・削除することを提案する。また、より明確に述べるために言葉を変えるべきところがないかについて話し合う（細部の説明を加える、正確な言葉を使用する、など）。
⑤文法と句読点を編集する。	２人で互いに下書きを読み、句読点や文法の変更が必要かどうかについて話し合う。もし、文の一部に違和感があったら、それを解決する方法について話し合う。
⑥最終原稿を書いて出版（発表）する。	最終原稿を書く前に自分の草稿を音読したり、パートナーが読むのを聞いたりして、最終版に向けての提案を行う。

（＊）蜘蛛の巣図とＴチャートはいずれも思考ツールの一種です。討論の天秤については137ページを参照してください。

わせながら行うとよいでしょう。その際、まずもって大事となるのは、伝えたいという意欲を高めることです。

書くことは大変な作業です（たとえば、まさに今、私は次に何を書けばいいのかと悩んでいます）。それでも、成績を上げるために書くのではなく、ある重要なテーマについて「ぜひとも誰かに伝えたい」とか「自分の意見を相手に納得させたい」という切実な思いがあれば、書く意欲は高まるものです。

会話は書くことの各段階に役立ちますし、書くことの各段階は会話そのものや生徒の会話スキルを向上する助けとなります。覚えておく必要があるのは、会話のなかで考えをつくりあげるといった活動[14]は、紙の上で（つまり、書くことのなかで）考えをつくりあげることに応用できるという点です。

書くための問いかけとしては、オリジナルの考えをつくりだすのに役立つものや、新しい言葉や文法が試せるものを用意しましょう。また、[15]話し方のモデル、話しはじめの言葉、使ってみたい言葉のリストを提示して、学習会話の[16]足場かけを行うとよいでしょう。

以下では、第二言語習得のためのクラスで七年生の二人が登場人物の変化について会話している様子を紹介します。[17]書くための問いかけは、「エスペランサは、小説を通してどのように変化していったのでしょうか。彼女がどのように変化したのか、そしてその変化は彼女をより良い人間にしたかどうかについて三つの段落で書いてください。話し合うときには、できるだけ多くの根拠を出して共有するようにしましょう」でした。

生徒が話し合う前に完成させたワークシートは、三つの列に分けられており、登場人物の変化に関するメモが書き込めるようになっています。それぞれの列に三つの記入欄があり、一つ目の欄は登場人物の変化の内容、二つ目の欄は物語のはじめの部分にある根拠、そして三つ目の欄には終わりの部分にある根拠を書きます。各列は、さまざまな変化の内容（たとえば、金持ちから貧乏人へ、傲慢から謙虚へ、世間知らずから常識的な人へ）に対応しています。

(13)　活動をはじめる前に、教師が分かりやすく指示したり説明したりすることです。

(14)　直接的には、会話でつくりあげた考えを作文にいかすことができる、という意味ですが、考えを明確にするスキルや支えるスキルを応用できるということも示唆しているようです。

(15)　八五ページの注（16）を参照してください。

(16)　日本でいえば「日本語学級」のようなクラスです。

(17)　エスペランサは、メキシコ系アメリカ人作家、パム・ムニョス・ライアン（Pam Muñoz Ryan）の作品『Esperanza Rising』（未邦訳・二〇〇〇年）の主人公です。メキシコの裕福な家庭に生まれたエスペランサは、いくつかの不幸からカリフォルニアに移住しますが、そこでまた新たな困難に出合います。貧困、移民、人種差別、失業などのさまざまなテーマを内包する小説です。対象となっている生徒二人の母語や背景を考慮した教師による選書と思われます。

(1) A 彼女はどのように変わった?
(2) B 彼女はメキシコでは金持ちだったけれど、カリフォルニアでは貧乏になった。
(3) A そうだったね。
(4) B ほかの変化はある?
(5) A 彼女はメキシコでは利己的な人間だった。つまり、egoistaだった。でも、最後には利己的じゃなくなり、賢くなったと思う。
(6) B その根拠は?
(7) A まず、この場面で、女の子に人形を触らせないこと。電車の中でね。きっと、彼女はconsentida(スペイン語で、甘やかされて育つ)だったからだと思う。
(8) B 最後の場面からの根拠はある?
(9) A 女の子に人形をあげること。利己的ではなくなったと思う。
(10) B それには気がつかなかったよ「ノートを取る」。私が気づいたのは、努力しない人から働く人になったということ。
(11) A 根拠は?
(12) B ミゲルが彼女にやり方を教えたのよ。como se dice, barrer(えっと、「掃除をする」って英語でどう言うんだっけ?)

⒀　A　掃除（clean）。
⒁　B　それ！　掃除！　彼女は掃除の仕方を知らない！　信じられる？　でも、そのあと、お母さんが病気なのでお金のために一生懸命働くようになる。
⒂　A　うん［ノートを取る］。一生懸命働かなければ生きていけないから、重要だね。

この会話を次のような視点で検討してみてください。書くことの学習と会話とを結びつける方法が見えてくると思います。

――この二人の生徒の会話のなかで、どのようなニーズ（長所や短所）に気づきましたか？　言葉（語彙・文・構成）は身についているでしょうか？　会話をより良くするために、生徒はどのように会話スキルを使っていましたか？　この会話は、問いかけについて書く活動をどのように支援しますか？　もし、あなたがこの二人の教師なら、二人の文章を改善するために何をしますか？

アクティビティー（4-1）お互いの情報を結びつけてストーリーをつくる

この活動では、ペアになった生徒がそれぞれ異なる文章が書かれたカードを読んだり、異なる図や絵を見たりしたうえで、会話を使ってすべての情報を結びつけ、一つの物語をつくりあげていきます。ペアでも三〜四人のグループでも取り組むことができます。ここでは、ペアの場合について説明していきます。活動の途中で、ほかの人の情報を見てはいけません。(18)

①ペアをつくります。

②カードの準備――ペアになった各生徒にカード（文章や図などが載っている）を配付します。たとえば、互いに異なる登場人物について書かれたカードを配付し、それぞれのカードには、登場人物の性格や欠点、願いなどが書かれたメモを添えておきます（パートナーやグループメンバーが全員別々の文をもつようにする）。

③自分のカードを読む――生徒は、時間をかけて自分のカードを読みます。

④伝える練習――パートナーに自分のカードの内容を口頭で伝える練習をします。

⑤ペアでの伝えあい――カードをパートナーに見せずに、情報を説明します。そのカードを読みあげないように注意しながら、登場人物やその背景を相手に説明します。

⑥新しいカードで繰り返す――必要に応じて、出来事や登場人物などが異なる別のカードを新たに配付し、同じ活動を繰り返してもよいです。

⑦情報を結びつけてストーリーにする――ペアで会話しながら、すべてのカードを結びつけて、何らかのストーリーやひと続きのエピソードをつくります。そして、そのナレーションをつく

ります。

⑧**発展**――発展的な活動として、ほかのペアと一緒になって考えを共有したうえで、グループストーリーをつくることもできます。

文学を解釈するための会話

文学（小説、物語、詩歌など）の学習では、生徒は同じ作品をまったく異なる方法で理解したり解釈したりします。こうした最初の解釈が、会話で考えをつくりあげるための「原材料」となります。

そして、いくつかの効果的な思考スキルを使うことで、文学に関する会話は後押しされ、深まりのあるものになります。この節では「解釈するスキル」に焦点を当てていきます。

なお、本節では[19]取り上げませんが、協力して解釈活動を行うことで磨けるスキルや情報については、ブッククラブ［参考文献22］、リテラチャー・サークル［参考文献10］、ソクラテス・セミナ

(18) ここでは、登場人物の写真、イラスト、各場面の挿絵などを指しています。
(19) 『読書がさらに楽しくなるブッククラブ』という本がありますので参考にしてください。

ー[20]［参考文献17］、リーディング・ワークショップ[21]［参考文献11］などでも紹介されています。これらのアプローチも、生徒が文学についてより深く会話する際に役立ちます。

文学の解釈は、人間であることの意味をより深く理解するのに役立ちます。文学は、過去と現在、遠くや近くにいる人物の感情や経験を理解するための「小さな窓」を読み手に与え、登場人物がどのように生き、人生についてどのように考えたのかを教えてくれます。

私の教室では、壁にポスターを貼って、それまでに読んだ文学作品に出てくるすべてのテーマを常に掲示していました。そのポスターは、何年にもわたって成長を続けました。そして今でも、本や文章を読むときには私の頭の中で育ち続けています。

解釈するとは、本や文章の情報を背景知識と関連づけることで、おそらく書き手が意図したであろう、直接的には述べられていない意味（ここでは「テーマ」と呼びます）をつくりだす行為でもあります。

多くの場合、テーマは、出来事や登場人物の行動、言葉、変化（身体的・物理的な変化、心情の変化など）を捉えることで見えてきます。テーマに対して生徒が考える内容は一人ひとり違っている場合が多く、同じ生徒が同じ作品をもう一度読めば、前とは異なるテーマを発見することがあります。重要なテーマを見つけるためには、読み手が自分の生活／人生に本や文章を結びつけることが大切となります。

要するに、生徒には、脱線することなく、一つの文章のなかから意味のあるテーマや考えをつくりあげてほしいのです。それは、必ずしも簡単ではないでしょう。私は生徒に、文章の内部へと掘り進んでほしいと願っています。つまり、文章から遠く離れてしまって、行き止まったところで終わってほしくないということです。

ここで、生徒に考えをつくりあげることを思い出させる、秘密の合言葉を紹介しましょう。それは、「テーマを見つけだすのが目的ではありません。テーマをつくりあげ、それが人生にとってなぜ重要なのかについて議論することが目的なのよ」です。

解釈を深めるための重要なスキルは、「共感すること」と「別の視点から考えること」です。物語の登場人物に共感し、登場人物や書き手、文学の専門家、別の生徒など、自分以外の人の目や心で世界を見通せば、生徒はより多くのことを理解します。また、別の視点をもてば物語にもっと入り込めますので、もし自分が同じ状況にいたらどうするのか、といった思索がやりやすくなります。

こうして生まれた考えは、会話を通して明確にしたり、練りあげることができます。とくに会

(20)　一七五ページ、および『「おさるのジョージ」を教室で実現』と『最高の授業』を参照ください。
(21)　『リーディング・ワークショップ』とその日本での実践版の『読書家の時間』および『イン・ザ・ミドル』が参考になります。

話のすぐれた点は、ほかの人がどのように考えたり感じたりしているのかについて知れることです。物語の登場人物について話し合うことで、生徒は登場人物に対する理解を深め（かつ広げ）、文学作品と自らの人生を結びつけるようになるのです。

以下に、『華氏451度』[22]を読んでいる九年生の会話を示します。教師は、次のように問いかけました。

「現時点で、書き手がこの小説を書いた目的は何だと思いますか？　考えをつくりあげるために、『理解モデル』（一四八ページの**図4-1**参照）のなかから少なくとも一つの質問を使いましょう。いいですか、自分たちで質問したり、私の問いかけを繰り返したりすることによって、みなさんの考えが練りあげられていきますからね」

---

(1) **A** じゃあ、真ん中（新しく明確な意味をつくりあげる［次元1］）からね。この文章から学ぶ必要があるのは何ですか？

(2) **B** 私が思うのは、未来のことで私たちを怖がらせる方法です。つまり、未来はどこまでも悪くなり得る、ということ。あなたは？

(3) **A** 待って。それはどういうこと？　私たちを怖がらせるって？

(4) **B** えっと、家が炎に包まれて、本を焼き尽くしてしまうよね。政府がこのようになったら、何でも起こるんだな、って。

(5) A　そして、「テレビ壁」もね。もしかしたら、書き手はテレビが私たちの脳に与える影響を警告しているのかもしれない。

(6) B　はい、次はここ（理解するための方法を使う［次元3］）ね。どうして悪いやつのボスは、「家を建てさせたくなければ、釘と材木を隠してしまえばいいんだ。誰かを政治問題で悩ませて不幸な思いをさせるのは忍びないと思ったら、ひとつの問題に二つの側面があるなんてことは口が裂けてもいうな」とか、「国民には記憶力コンテストでもあてがっておけばいい。ポップスの歌詞だの、州都の名前だの、アイオワの去年のトウモロコシ収穫量だのをどれだけ憶えているか、競わせておけばいいんだ。不燃性のデータをめいっぱい詰めこんでやれ、もう満腹だと感じるまで〝事実〟をぎっしり詰めこんでやれ。ただし国民が、自分はなんと輝かしい情報収集能力を持っていることか、と感じるような事実を詰めこむんだ(23)」と言ったと思いますか？

(22) アメリカの作家、レイ・ブラッドベリ（Ray Douglas Bradbury, 1920～2012）によって一九五三年に書かれたSF小説です。作品の舞台は、本の所持が禁止され、得られる情報はすべてテレビやラジオからのものばかりになった社会です。そこで本を焼却する仕事をしている主人公モンターグの生活が、ある少女との出会いをきっかけにして変化していきます。邦訳書として、伊藤典夫訳、ハヤカワ文庫（二〇一四年）があります。

(7) A 政府のことを言っていると思う。人々を忙しくさせて、重要なことを考えさせないようにしたいんだろう。

(8) B または、政府を批判するためかな？

(9) A うん。「釘と材木を隠す」というのは、たぶん、本当は何が起きているのかを人々に教えないようにするとか、嘘をついているということを言っていると思う。ところで、「不燃性（noncombustible）」って何？

(10) B これだって（辞書で調べたのを見せながら）。「燃えない」という意味。たぶんだけど、僕が思うに「不燃性のデータ」というのは、あまり重要じゃないものとか、彼らが家に入ったときにあえて燃やさないもののことかな。

(11) A それ以外は燃やすんだね。

(12) B そうだね。じゃあ、「思考スキルを使う［次元4］」に行こう。これをどのように応用しますか？

(13) A 今の政府もそうだと思う。

(14) B 本当？

(15) A うん。ホワイトハウスが言っていることを聞いてよ。彼らは自分の行っていることを決して悪くは言わない。本当の悪い面に、人びとの目が向かないようにしている。

⒃　B　確かに。
⒄　A　でも、本を燃やすことについては？
⒅　B　一部の学校は図書館から本を借りることを禁止しているけど、それは政府ではないね。

「ノンフィクションを理解するための会話」で紹介した事例に比べると、スムーズな会話になっていないと感じられたでしょう。しかし、ここで注目してほしいのは、「理解モデル」の各次元からの問いかけに答えていくことで生徒の読みが深まっているという点です。本や文章を深く理解したいという意欲があれば、会話はさらにうまく進むようになるでしょう。

アクティビティー（4-2）ソクラテス・セミナー

ソクラテス・セミナーとは、考えを探究・構築したり、検討・改善したりするために会話の力を活用する試みです。この会話では、考えを活性化して押し広げるために、質問の活用が一般的となっています。

(23)　この訳文は、伊藤典夫訳（早川書房、二〇一四年、一〇二～一〇三ページ）を引用しました。

質問では、言葉の意味、比喩などの表現技法の意味や効果、主題やテーマ、書き手の文体、および登場人物が発する言動の意味を明らかにすることに焦点を当てます。会話を終えたときには、そのテーマに関するすぐれた質問や新しい考え、そしてもっと会話を続けたいという意欲を生徒がもてるようにするとよいでしょう。会話は、できるかぎり生徒が主体となって進めるようにし、教師からの誘導質問には頼らないようにしましょう。(24)

ソクラテス・セミナーでは、生徒のグループが質疑応答を行い、考えの一貫性や論理を分析し、キーワードの定義を明確にします。たとえば、あるグループが「成績評価がなかったら私たちはもっと学習するだろう」という意見を述べた場合、ほかの生徒はそのグループに対して、「学習」や「成績評価」の意味を明確にするように問いかけます。また、質問を使って事例の提示を求めたり、その意見の因果関係に異議を唱えたりすることもできます。通常は、一つの質疑応答のやり取りからたくさんの質問が生まれます。(25)

最終的には、「多くの場合、成績評価という外的報酬だけでは長期的に学習に取り組むことが難しい。……」とか、「多くの生徒や保護者は、その学習状況を数値化して捉える必要がある。また、成績評価以外に動機をもてない生徒がいる。……」といった、より明確な、あるいは正反対のテーマが展開するかもしれません。

ソクラテス・セミナーの一般的な手順は次のとおりです。本書の考えに基づいて修正を加えています。

①テーマを設定する——議論を呼びそうなテーマ（答えが一つに決まらない問題や命題）を提示して会話をはじめます（ソクラテスは、知恵、勇気、道徳、真実、正義といった抽象的な概念に焦点を当てました）。普段の生徒の様子がテーマの種《たね》になります。とくに、生徒が読んでいる文章から思いつくことが多いです。また、この会話から得られる最終的な考えや「成果物」が、生徒の日常生活につながるようなテーマにするとよいでしょう。

魅力的なテーマさえあれば十分に話し合える生徒が多いと思いますが、「この考えはこの会話以外の場面にも役立つ」となると、会話への意欲がより高まります。

②ペアまたは小グループで練習する——大人数で話し合う前に、ペアまたは小グループで練習をします。少人数という緊密な関係で質問したり、それに答えたりすることで、考えを創造したり反論するといった練習ができます。その際には、（すでに本書で何度も見てきたように）考えを明確にする質問、支える質問、評価・比較する質問が重要になることを強調します。

また、第2章で説明した「ビルディング・カード」や「ビルディング・シート」を使って練

---

(24)　教師に頼らず、自分たちで進めることを重視するという、会話学習のコンセプトが明確に表れている一文です。

(25)　このように、扱うテーマに関する掘り下げを、すべて「問うこと」によって行うところがポイントです。

習することもできます。私はよく、「指導においてはペアワークの時間こそ重要である」と言っています。ペアワークだと、生徒にとってストレスが少なく、活発なやり取りが可能となります。

③内回り・外回りの輪をつくる――大人数で話し合うための準備をします。クラスの半分の生徒は内回りの輪に、残りの半分が外回りの輪になって、二重の輪をつくります。外回りの生徒一人と内回りの生徒一人がペアを組みます。(26) そして、外回りの生徒が、内回りの生徒に助言するといったアシスタント役を務めます。内外のペアで、最初の発言や質問を準備する時間を設けます。

④話し合いの開始――準備ができたら全員で話し合います。内回りの生徒は、意見を明確にしたり、広げたり、反論したりして、考えの核心を発見するように努めます。しかし、第3章で見たように、いきなり反論するのではなく、最初に提示された考えを育てていくように促します。育つ可能性のあるアイディアの芽を、すぐに摘み取るというのはやめましょう。(27)

⑤相談タイム――外回りにいるアシスタント役の生徒は、話し合いの内容を聞きながら、発言したいと思った内容をメモし（たとえば、明確にする質問）、そのメモを内回りのパートナーにわたします。また、話し合いの途中で「相談タイム」を設けてもよいでしょう。

「相談タイム」では、ペアに分かれて、アシスタント役の生徒から再開後の話し合いに役立ちそうなことを提案します。

⑥**内回りと外回りを交代して話し合いを続ける**——内回りの生徒と外回りの生徒が入れ替わります。そのテーマでまだ話せそうな部分が残されている場合には、内回りになった生徒がその考えを引き続き練りあげていきます。そうでない場合は、別のテーマに切り替えます。

⑦**話し合いのまとめ**——この活動の締めくくりとして、ペアまたは四人組をつくって、それまでとは別の目的を設定して会話をします。次の三つの方法を参考にしてください。

・「二人から四人」——まずペアで会話して、その後、別のペアと一緒に（つまり四人組になって）会話をします。
・「四人から二人」——まず四人のグループで会話をして、その後、ペアに分かれて会話をします。
・「ミニ・フィッシュボウル」[28]——一方のペアがもう一方のペアの会話の様子を観察します。会話が終わったら、その様子を振り返ります。その後、交代します。

(26) この「内回り・外回りの輪で話す」方法は、『私にも言いたいことがあります！』のなかでも詳しく紹介されています。
(27) ここでは、「大切な友だち」の手順が参考になります。下のＱＲコードをご覧ください。
(28) 日本では「金魚鉢方式」とも呼ばれている方法です。

まとめ

以上、授業のなかで営まれている素晴らしい学習会話について、国語科を中心に紹介してきました。会話は、役に立つだけでなく、学習において不可欠なものです。授業に会話を取り入れることで、会話スキルや言語運用能力を向上させられるだけでなく、さまざまなジャンルの本や文章が深く理解でき、書くことや読むことに関する学習の充実が図れるのです。(29)

(29) これはまさに、現時点であまり活用しきれているとはいえない「学ぶために書く」と「学ぶために読む」の話す・聞く版といえます。前の二つについては、『教科書をハックする』のなかで詳しく紹介されていますが、「学ぶために話す・聞く」については本書が役に立ちます。

第5章 会話の評価

自分の立ち位置が定まってこそ、地図は役に立つ。

これまでに会話の評価をしたという経験のある人であれば、教室で同時に行われた会話の一つを評価するだけでも難しいことがお分かりだと思います。たしかに難しいのですが、生徒が話している様子を観察することはとても役に立つ、と理解されているでしょう。

この章の大部分は、形成的評価の実践について説明をしていきます。ここでいう形成的評価とは、授業内で日常的に行うインフォーマルな見取りのことです。このタイプの評価には、生徒の会話を観察する方法、会話スキルを用いた話すこと・聞くことを学習中に観察する方法、そして、対話のあとに行う書く活動による方法などが用いられます。

以下の六年生の会話を読んで、生徒についてどのような種類の情報が得られるかを確かめてみましょう。問いかけは、「文明が起こる際に余剰作物はなぜ重要なのか?」です。

(1) A 必要分より多くつくれた食料は、ほかのモノと交換できるよね。
(2) B それは、都市や文明にとってどんなよさがあるのかな？
(3) A 農業をやりたくない人は、荷車やハンマーのように、モノをつくる仕事に就けばよくなるんだったよね。
(4) B そう。そういう人たちは、モノづくりのスキルを磨けるし、家を建てるのが上手になるといった人も出てくるよね。現在の世の中のように、食べ物は店で買えばいいんだから。
(5) A そうだね。農家の人は自分たちが食べる分以外を売って、モノを買ったりお金を稼いだりすればいいよね。
(6) B たとえば？
(7) A たとえば、たくさんブドウが収穫できたら、必要分は保存しておいて、あとは売ればいいってことさ。
(8) B それから？
(9) A 仕事や建物が増えてきたら、人々に警察や道路造りをやってもらいたいよね。それには政府が必要になるね。
(10) B それで税金が登場するんだね。
(11) A どういうこと？

⑿　B　生活に必要な分以上の収入があったなら、政府に税金を払うんだ。それで政府が大きくなっていき、文明が起こるってことだよ。
⒀　A　そのとおりだ。

この教室にいなくても、この生徒のことを知らなくても、生徒が多くの知識を得ていることやしっかり考えていること、互いに考えを明確にしたり、支えあったりしている様子が確認できると思います。もう少し会話を続けていけば、さらに考えを明確にしたり支えあったかもしれませんが、教師としては、単元の学習内容に関する具体例を出してほしいと感じるところです（たとえば、エジプトやメソポタミア文明など）。しかし、全体的には、時間に見合った価値のあるやり取りができていましたし、次の段階に向けての大事な気づきが得られたといえます。

この二人の生徒が、翌日に同じ「問いかけ」をもとにして話をしたとしたら、異なった会話になったでしょう。もし、内容や分野を変えたり、パートナーを入れ替えたりしたら、会話はさらに大きく変化するはずです。

会話には、どんなときにも必要な汎用的なスキルがありますが、参加者の特性や学習内容によって異なってくるスキルや知識もあるのです。これが理由で、どんな場面でも万能に使えるようなルーブリック（評価基準表）を本章で示すつもりはありません。それよりも、読者が自分で状況に応じて観察や分析のためのツールがつくれるように、学習会話における形成的評価の視点や機能を具体的に示していきたいと思います。

オリジナルの評価ツールを開発しよう

会話に必要なスキルをたくさん盛り込んだ評価ツールを作成してしまうと、観察しながらすべてを見取るのが難しいという事態になりかねません。実用性を考えると、目的やねらいに沿った評価ツールを作成するほうが有効だといえます。焦点を当てる対象としては、非言語的な要素や会話スキル、思考スキル、使用している言葉、学習内容の理解度が挙げられます。もちろん、これらを組み合わせることも可能です。

用い方や場面によっても評価ツールは異なってきます。たとえば、教師自身が評価するのか、生徒に自己評価させるのかによっても違ってきます。さらには、生徒が相互に行う評価もありますし、単元末の総括的な評価もあります。

また、評価ツールを用意したものの、文字量やチェック項目が多すぎて、進行中の会話を評価するには適さないといった場合もあります。評価項目の確認程度にして、生徒の会話を聞いている間は評価ツールを見るのではなく、内容に耳を傾けるようにしましょう。

会話の評価観点

ここでは、会話を評価するための話し合う力のリストを提供します。教師はこの節で示すリストの内容をルーブリックに入れ、生徒のニーズにあわせて文言を整えていくとよいでしょう。効果的な方法は、会話のスキルをシンプルにまとめたリストを用意して、年間を通じて同じもので評価を積み重ねていったり（たとえば、明確にするスキルや考えを支えるスキル）、生徒のニーズや学習内容、単元で学習している思考スキルに応じて変えていくことです。

会話のスキル

会話スキルは会話をするうえでの基礎となりますから、それらを先に示しておきます。生徒が協力して考えをつくりあげたり、選んだりしているかをチェックしましょう。

生徒は、以下のことにうまく取り組めていますか？

- 関連する建設的な考えをつくったり、選んだり、提案することができているか？　問いかけに沿って考えられているか？

・しっかりとした考えをつくれているか？　考えを一緒につくっていこうという姿勢でパートナーの話を聞けているか？　生徒は、各々の考えを可能なかぎり明確で説得力のあるものにするために、考えづくりのための「レンガ」（例・明確にするレンガや考えを支えるレンガ）をどのように使えばよいのかについて理解しているか？

・パートナーは、前に話したことに関連して考えをつくれているか？　関連する知識や与えられた情報をつないだり、参照したりして、新たに考えをつくるために有効となる情報を加えているか？

・会話の間、集中して取り組めているか？　生徒は、間違ったことやくだらないこと、話題からそれた発言をしないようにしているか？

・考えや用語を明確にしているか？　明確にするよう促す方法を理解しているか？　的確に質問したり、要点を説明したり、重要語を定義したり、言い換えたり、説明を加えたりすることができているか？

・考えの根拠や理由をしっかり示せているか？　的確なタイミングで、考えを支える理由や根拠をパートナーに求められるか？

・考えの根拠の重要度を吟味して、どちらの根拠のほうがより価値があるのかについて判断できているか？

- 討論のなかで、競合する考えの根拠について重要度の検討ができるか？
  - ・基準を明示し、それを使えているか？
  - ・重要度を比較し、合理的な判断でもっとも重要なものが選べるか？
  - ・最終的な決断や結論について説明できるか？
- 時に考えが分かれたとしても、パートナーと対立せず、協力して取り組めているか？
- 会話を通して新しい考えを生みだしたり、考えが変わったりすることを歓迎するといった態度をもてているか？
- 話す・聞く・強調する・質問するときに、非言語的な情報（姿勢や視線など）を読み取ったり、それを活用して伝えられるか？
- 互いの立場や考え、価値観や優先順位を尊重しているか？　パートナーの考えとともに様子や思いについて耳を傾けているか？

発言の量

発言量が多いからといって、よい会話ができているとはかぎりません。ですが、多くの場合、生徒はもっと積極的に会話に取り組むべきですし、発言の回数もやり取りの長さも増やしていきたいものです。というのも、さまざまな発言が飛び交うことによって多くの情報が共有できるからです。

次に、量的な側面についての視点をいくつか示します。

・会話を通して考えをつくる際、十分なやり取りがなされているか?

・一回の発言の長さは十分か?

・それぞれの発言内容や会話の中身をはっきりさせるために、もっと多くの言葉や文章を用いるべきではないか?

・会話の段階に応じて、適切な量の情報がやり取りされているか?(多くの生徒は、最低限のことしか話さないというのが習慣となっており、それがよい会話を生む妨げとなっています。逆に、一度にものすごい量を話してしまうという生徒もいます。)

・ペアの両方が同じくらい話せているか? 片方の生徒が発言を独り占めしていないか?

会話の進め方への働きかけ(1)

会話のなかで、進め方に働きかけるような発言が出ることがあります。次に示す、会話の進め方に働きかける発言は、実際の生徒間での会話のなかから取り出したものですが、これらは議論を進めたり、内容をはっきりさせたりするうえで重要な役割を果たしていました。これらの発言は、会話の方向を変えたり、深めたり、発展させたりする働きがあります。(2) 具体的には、次のような言葉が見られました。

・反対の立場についても考えよう。
・判断の基準を使うべきだね。
・話題は、そういうことを問うているのではないような気がするな。
・それが、私たちのつくりあげる考えになるね。
・考えについて十分検討できただろうか。
・もう少し根拠を集める必要があるんじゃないかな。

（1）原書では「Meta-conversation Moves = メタ会話的な発話」となっていますが、分かりやすさを考えてこのように訳しました。
（2）「スパイダーウェブ討論を経験して、このような発言ができる生徒のいるチームは議論が深まる実例を多く見てきました。また、エキスパート役の生徒がこのような発言に注目し、フィードバックの際にその生徒の発言によって議論の進み方に変化があったことを高く評価する発言も見られ、学びの好循環を目の当たりにしたことを思い出しました」という経験談が翻訳協力者から届きました。スパイダーウェブ討論は、『最高の授業』で紹介されている方法です。話し合いの記録を観察係が線で結び続け、結果的に「蜘蛛の巣図」ができあがるので、このような名称がついています。

・どれかを選んで考えを練りあげていこう。
・まだ話し終えたとは言えないんじゃないかな。もう少し……。

こういった働きかけが出るように促して、見取っていくとよいでしょう。教師はこれらを生徒に意識させ、使用するように後押しすべきですが、強調しすぎてもいけません（たとえば、使えたら点数を与えるというのはご法度《はっと》です）(3)。会話の仕方について説明する際、こういった進め方への働きかけが、会話を通してより良い考えをつくるためには役立つといったことを伝えるくらいがよいでしょう。

使用する言葉

これまでの記述でもお分かりのように、本書では発音の美しさや学習用語としての正しさを求めるような言葉の使い方はそれほど重視していません。言葉は、伝えあうために用いられるべきものです。仮に、正しいとされる言葉の使い方から外れて、ほかの言語を部分的に用いたり、くだけた表現を用いたり、文法上の誤りがあったとしても、です。実際、不十分な表現であっても、会話を通してしっかり考えが共有できたという場合が少なくありません。

会話を観察すれば、生徒が学習内容について考えていることを伝えあうために言葉をどのように使っているのか詳しく知れます。やり取りを聞くことで、生徒の傾聴の様子や考えの伝え方が捉えられます。

次に示すのは、生徒が会話や話し合いのなかでより良く伝えあうために意識させたい重要な働きかけを探すためのリストです。学習指導要領などをもとにしたり、生徒の会話を観察したりして、ほかの働きかけをこれらに付け加えていってもよいでしょう。

分かりやすく伝えあうために、次のことができていますか？

・伝えたいことにぴったりあう言葉を用いているか？
・単語を集めて句や文をつくれるか？
・適切に文をつなげたり構成したりできるか？
・自分の考えをまとめられているか？
・声の抑揚や強弱を使って考えを伝えているか？
・表情や態度、身体表現を意識的に使っているか？

（３）これまでの記述からすると、モデルを示す（やってみせる）という方法や、会話の進め方に働きかけている発言を紹介して価値づけるといった方法をイメージしていると思われます。

内容についての知識や概念

会話をもとにして、学習内容について生徒の理解状況が確かめられます。難しい概念の理解に取り組もうとしているときにはとくに有効となります。

生徒は、どれくらい上手にできていますか？

・教科や単元、授業で対象とする事物や概念について理解できているか？

・会話を使って内容の理解を深めているか？

・パートナーがテーマについてより深く考えられるようにサポートしたり、後押ししたり、話を向けたりしているか？

思考力

各教科で育成している思考力の習熟や活用の状況についても、会話を通して確かめることができます。(4)

各教科で指導している次のような思考力は、どれくらい身についていますか？

国語——解釈する、論拠を示す、評価する、適用する、まとめる。

社会――解釈する、因果関係を明らかにする、比較する、文脈にあわせる、共感する、偏りを認識する、主張を支える、評価する、適用する。

理科――解釈する、仮説を立てる、因果関係を明らかにする、変数を特定する、主張を支える、問題を解決する、結論を導く。

算数・数学――解釈する、理由を付けて考えを正当化する、複数の方法で問題を解決する、比較する、評価する、適用する。

図工・美術――解釈する、表現する、問題を解決する、比較する、共感する、適用する、統合する。

学習における人間関係や感情的な側面

次に示す、学習における重要な対人関係や感情的な側面についても、会話を通して確かめることができます。

（４）現在、各教科で求められている「見方・考え方」とは少しズレがあるかもしれませんが、それぞれの教科に応じた思考力をきちんと把握し、確実に高めていこうとする意識はとても参考になります。

力関係——会話を独占しているのは誰か？　意見を言わずに、ほかの人に従っているのは誰か？　平等に参加できているか？　それとも、人種や性別、言語の習得状況、あるいはほかの要因が参加状況に影響を及ぼしているのか？

考え方の違い——話し合っているテーマについての生徒間での考え方や視点、意見の違いにどのようなものがあるか？

学習へのアプローチの仕方——生徒は、この教科や学習全般に対してどのように向きあっているか？

取り組みのレベル——生徒は、そのテーマにどれくらい熱心に取り組んでいるか？　どのような問いをもっているか？

このように、会話は個々の生徒やクラス全体の状況を捉えるための貴重な情報源となります。一つの会話を分析するだけでも重要な気づきがたくさん得られるのです（少なくとも、二人の生徒について同時に知ることができます！）。

評価ツールの参考例

前節では、会話を観察する観点について幅広く紹介しました。さらに評価に取り組みやすくするために、私と一緒に活動している教師たちの評価ツールを見ていきましょう。これらを参考にして、目の前にいる生徒にあわせてアレンジを加えてください。

以前にも書いたように、評価用紙を用意するのではなく、簡易なツールを作成し、覚えてしまうことをおすすめしています。(5) また、同時に進行する会話を並行して評価する必要がありますから、できるかぎりシンプルな評価ツールにしておくほうがよいでしょう。

項目には、これまでのリストのなかからいくつかを選ぶというのがよいでしょう。また、評価の材料については、以下の三つを参考にして設定し、生徒にとって必要なスキルや学習内容に焦点を当てるとよいでしょう。

❶日常的な会話の観察。

---

(5)　評価用紙を手元で観察していると、生徒は成績を付けられているように感じますし、教師としても評価項目にある姿に注目してしまいます。覚えてしまうことで、評価項目に挙げた内容だけでなく、目の前にいる生徒の姿から多様な気づきが得られます。

❷会話を使いながらつくりあげた作品、および会話を通して改良した作品（作文やポスターなどです）。
❸生徒へのインタビューや生徒による自己評価。

評価ツールの参考例（三年生）

ここに示す例は、三年生の教師が生徒のやり取りを一か月にわたって観察し、その結果をもとに作成した評価ツールです。この教師は意識して、教科を横断する形で活用できる評価ツールを作成しました。

生徒は、
□相手の問いかけに沿って話している。
□よく聞いて、パートナーの考えをいかしている。
□よく考えて適切な量を話している（話しすぎたり、ほとんど話さないといったことがない）。
□考えを明確にしている。
□文章例から材料を見つけて考えを支えている。

□パートナーと協力して取り組んでいる／対立していない。
□やる気のある表情で参加し、アイコンタクトやジェスチャーを用いている。
□それぞれの考えの説得力を高めようとしている。

それでは、実際に三年生の会話の一部を用いて、この評価ツールを試してみましょう。生徒は『シャーロットのおくりもの』(6)を読みました。そのあと、この本の主題についてペアで話し合うように、と教師が指示しました。

(1)　**A**　たぶん、主題は友情だね。
(2)　**B**　具体的には？
(3)　**A**　友達になるっていいことだってことかな。
(4)　**B**　あぁ、そうだね。でも、それは分かりきったことじゃないかな。この本に描かれている友情について、初めて知ったことや興味をもったことを考えたほうがいいと思う。

---

(6)　E・B・ホワイト（Elwyn Brooks White, 1899～1985）作の物語です。子ブタのウィルバーとクモのシャーロットの友情が描かれています。邦訳書として、さくまゆみこ訳（あすなろ書房、二〇〇一年）があります。

(5) A 分かった。じゃあ、ブタとクモが友達になれるなんてことは知らなかったというのが第一だね。

(6) B 僕もそう思うよ。じゃあ、人間である私たちにとって、それはどんな意味があるんだろうか？　もしかしたら、友達になれるとは思っていなかった人とも仲よくなれるってことかもね。

(7) A そうだね。それについて書かれた部分があるよ。

「新しい友達ができたよ！　でも、友情ってなんてギャンブルなんだろう！（クモの）シャーロットは凶暴だし、残酷だし、ズルいし、残忍だ！　とても好きになれそうにない。彼女が可愛くって頭のいいクモだって言っても、好きになるのは大変そうだな」

……ギャンブルって、どういう意味だろう？

(8) B どうだろうねぇ。決してやりたくないこととか、うまくいかないと思っていることじゃないかな。

(9) A そうかもね。じゃあ、なんで（ブタの）ウィルバーは彼女と友達になりたかったんだ？

(10) B たぶん、彼はもう（元の飼い主の）ファーンと一緒にいられなかったから、友達が必要だったんだと思う。

(11) A しかも、ウィルバーはシャーロットのクモの巣を本当に必要としていたよね。

(12)　B　どういう意味？
(13)　A　ウィルバーを助けるために、シャーロットは熱心に文字を書いてあげたでしょう。ウィルバーは、生きるためにシャーロットを必要としていたんだ。
(14)　B　ああ、それって友情だよね。お互いに助けあう、たとえ困難でも。
(15)　A　それで、ウィルバーはシャーロットが死んでから役に立つことをした。彼女の卵を農場に持ち帰ったんだ。
(16)　B　だけど、シャーロットは死んじゃったじゃない。
(17)　A　だから？　ウィルバーはそれでも親友であり続けたよ。……そろそろ終わりかな？
(18)　B　うん、そうだね。

このような短い会話の記録であっても、評価ツールにおける項目の多くが確認できたと思います。評価ツールを通して、この三年生たちは会話のスキルや態度の準備が整っており、会話を通した学習に取り組めそうだということが確認できます。

さらに詳しく確かめたければ、それぞれの項目に評価のための数値（１、２、３）をつけて、隣に観察したメモを書くといった欄を設けるとよいでしょう。生徒に具体的なフィードバックを返すことができますし、教え方の改善につながる情報も提供されます。

評価ツールの参考例（七年生）

次に、七年生の歴史担当の教師による会話の評価事例を示します。この評価ツールには教師による書き込みがあるので、授業中や授業後の支援がしやすくなっています。二〇三ページの**表5－1**には、この教師が書いた「よいところ」と「課題」がありますが、それらは一旦伏せておいて、まずはあなた自身で会話の様子を読みながら評価ツールにメモを取ってみましょう。そのうえで、両者を比較すると面白い気づきがあるかもしれません[7]。

以下の会話は、「十字軍の行いは是か、非か？」という問いかけをもとに行われたものです。

---

(1) **A** 分からないな。両方の立場について考えてみようよ。
(2) **B** 了解。まずは、よかったとする立場ね。
(3) **A** ヨーロッパの変革につながったよね。
(4) **B** どういうこと？
(5) **A** そのことが輸送手段を向上させたって、本に書いてあったよ。
(6) **B** どうやって？
(7) **A** 東方に軍隊を輸送するために、船や陸での乗り物を改善しなくちゃならなかったんだ。

(8) B それはいいことだね。ほかには？
(9) A 君も何か言ってよ。
(10) B 分かった。王様が権力を拡大し、封建制度が終わりを迎えたって書かれていたよ。
(11) A そうなんだ。封建制度って何だっけ？　それが廃止されるよさって何？
(12) B そこらじゅうに小さな城があって、常に戦いが起きていたんだ。戦国時代みたいなもんだね。
(13) A どうして封建制度は終わりを迎えたの？
(14) B たくさんの城主が死んだので、その土地を王様が自分の領地にしていったんだ。
(15) A なるほど。ほかによかった点として、スパイスや香水、絹なんかを持ち帰れたってこともあるね。
(16) B うん。じゃあ、よくなかったとする立場は？

（7）「学校現場の課題の一つとして、児童生徒の発言をどう見取るかということがあると思います。そのために、この章のいくつもが役に立つでしょうし、この評価ツールのような例が、まず教師にとって考える材料となると思います」という翻訳協力者のコメントが届きました。おそらく、生徒の発言を価値づけたり、課題を見いだしたりする経験と知識が十分でないことが原因として挙げられるでしょう。ぜひ、この章にある事例を用いて練習し、発言を評価するスキルを高めていってください。

⒄ A 両方とも、多くの人が亡くなったことだよね。
⒅ B しかも、多くのユダヤ人が亡くなったよね。
⒆ A どうして?
⒇ B この文章では、キリスト教徒はヨーロッパを飛び回り、キリスト教徒ではないという理由でユダヤ人を殺害した、と書かれているよ。
(21) A なんでだろう? 違う宗教だからって殺しあうのはおかしいよ。
(22) B うん。宗教は、人々がより良く生きるためにあるはずだもんね。十字軍のやったことは間違っているよ。
(23) A しかも、十字軍は中東のさまざまな場所を破壊したし、スペインではイスラム教徒から土地を奪ったんだ。
(24) B あぁ、盗みや殺害の酷さを考えたら、十字軍によって起きた出来事は、よかったことより悪かったことのほうが多いと僕は考えるよ。
(25) A 同感だね。

評価ツールの使用が、教師の会話を捉える力の高まりだけでなく、生徒の会話を上達させる手掛かりを得ることにつながっていると分かります。たとえば、**表5-1**の一番下の行では、根拠

表５－１　会話の評価ツールの例　「よいところ」と「課題となるところ」

	生徒は……	よいところ	課題
生徒	協力して明確で説得力のある考えをつくりあげている。	両方の立場について考えている。	
	考えを明確に（定義、言い換え、統合）している。	明確にする質問はよい。（どうやって／なぜを使って）	
	根拠を用いて考えを支えている。（とくに、一次資料を使って）	二次資料から根拠を使えた。	一次資料を使えると、なおよい。
	単元／授業で**ねらい**としている概念を理解している。	両方の立場の信頼できる根拠があった。	
	生徒は歴史的思考を使いこなしている。 ・一次資料の解釈 ・原因と結果の確認 ・資料の中の偏りに気づく	因果関係はよい。（輸送手段、封建制度）	一次資料が必要。
教師	**教師である私は……**	**よいところ**	**課題**
	生徒が夢中になって話し合える目的を用意したか？話し合いに十分な情報を提供していたか？	OK（内容について熱心に話し合っていた）	
	会話のスキルや歴史的思考を発揮できるように効果的なモデルを示したり、支援したりしたか？		モデルを示して、一次資料を活用するよう促したかった。
	互いの考えを検討しあえるように、語彙や表現の支援をしたか？		次回、用いた根拠が賛否の立場にどのようにつながるのかを説明する方法をモデルで示す。

が賛否の立場にどのようにつながっているのかについて説明できるようになるための、新たな指導の必要性に教師が気づいたことが示されています。(8)

相互評価や自己評価のためのツールの参考例

授業中には同時に多くの会話が行われますので、教師がすべてを見取り、助言することはできません。ですから、生徒自身が会話スキルを評価する力を高めていく必要があります。そのためにも、教師が活用している評価ツールをもとにして、生徒とともに自己評価ツールをつくっていきましょう。まずは、会話の例を使って、授業で自己評価ツールを使ってみるというのが効果的です。ある教師は、録画した会話を使って、みんなでつくった評価ツールの使用をクラス全体で試すといった活動に取り組みました。

相互・自己評価は、自分事として学習内容に向かう場合に影響します。ですから、使いやすい自己評価ツールや相互評価ツールをつくりたいものです。教師が使っている評価ツールを簡略化するなどして調整するとよいでしょう。たとえば、最初は明確にするスキルや考えを支えるスキルなどに絞った評価ツールにしてもよいと思います。そこから、年間を通してほかのスキルや内容を増やしていくことが大切となります。(9)

自己評価を取り入れた会話の例

ここでは、四年生における理科の授業で行われた会話と、その際に用いた自己評価ツール（次ページの**表5－2**）を紹介します。生徒Aになったつもりで、ツールの左端にある評価項目だけを見ながら会話を自己評価し、できているところと課題となるところを考えてみてください。分からない部分については無視をしてもかまいません。会話のための問いかけは、「校長先生がスマートフォンでメッセージを聞いています。音声を出すためのエネルギーはどこから来たのでしょうか？」です。

（8）形成的評価によって生徒の会話を高めていくためには、会話を捉える耳や目を教師自身が高めていくことが大切となります。複数の教師で同じ会話について、同じ評価ツールで分析する活動に取り組むことで、自他の会話に対する見方を見つめ直す機会になります（本書で、まずは評価を一旦伏せておき、読者も自分で評価に取り組むよう指示されているのはそのためです）。できているか、できていないかだけでなく、次の指導にいかすための気づきを積極的に得ようとしているところも、ぜひ参考にしたいです。

（9）翻訳協力者から「徐々に積み重ねていくイメージをもちました。日本の教科書だと『話すこと・聞くこと』の単元が出てきたらそのときだけ意識して、次につながらない場合が多いです。そうではなく、どの教科・領域でもこのようなスキルを意識していくことが大切です」というコメントがありました。スキルがさまざまな場面で活用され、高まっていく実感が得られることによって、生徒はやりがいをもって学ぶようになります。

表5－2　自己評価ツールの例

	よくできた	まあまあできた	改善が必要
最初に出した考えがどれぐらい深まりそうか、見通しをもっている。			× 課題あり
意味を明確にするようにしている。 必要に応じてパートナーにもそうするように求めている。	OK。明確にする質問をしていた。		
事例や根拠を用いて考えを支えている。 必要な場合には、それをパートナーにも求めている。		OK。	
一つの考えをつくりあげることに集中して取り組んでいる（討論の場合は、両方の立場の考えについてそれぞれに）。	OK。質問に答えることに集中していた。		
パートナーの考えを大事にし、よく聞いていることを姿勢や視線で伝わるようにしている。		OK。よく聞いていた。	

(1) A　スマートフォンの充電器からでしょう？
(2) B　だけど、その前は？
(3) A　発電所からみたいに、電線を伝ってでしょう。
(4) B　じゃあ、発電所はどうやってエネルギーを生みだしているの？
(5) A　分からないなぁ。
(6) B　たぶん、ダムからだよね。その写真にあるように。
(7) A　どうやって水から電気をつくるんだろう？
(8) B　回るやつを回転させるんじゃないかな。
(9) A　高いところにある水を落として、エネルギーを生むんだね。でも、どうやってそこに持っていくのかな。
(10) B　川だよ。だけど、君が言いたいのは、川に集める方法ってことだよね？
(11) A　そう、雨。たぶん、その水は湖や海から来たんだよね。
(12) B　ああ、それを日光が蒸発させるんだね。水の循環だ。
(13) A　じゃあ、太陽が起点になるね。

相互評価を取り入れた会話の例

三人組のうちの一人をコーチ役にして、ほかの二人の会話の進め方を観察してフィードバックを返すという相互評価をいかした方法もあります。あとで役割を交代するとよいでしょう。[10]

八年生の国語科で、『アルジャーノンに花束を』[11]を読んだあとの会話例を示します。相互評価ツール（**表5-3**）の右側のメモを隠し、コーチ役になったつもりで会話のよかったところを中心にメモを取ってみてください。そのあとで、メモを比較してみましょう。

---

(1)　**A**　なぜ、作者はこの話を書いたんだと思う？

(2)　**B**　あるがままに生きることが大事だと教えたかったんじゃないかな。

(3)　**A**　どういうこと？

(4)　**B**　物語のなかで、チャーリィは頭がよくなりたくて、手術の結果、そうなれたでしょう。でも、それは自然に反することだよね。だから、彼は頭がよくなったのに幸せにはなれなかったんだ。

(5)　**A**　うん、彼は実験台のようだものね。人間で実験をしてはいけないと僕は思うんだ。動物実験みたいだよね。

表５－３　相互評価のためのツールの例

質問	フィードバックのためのメモ
問いかけに沿って、互いの考えをしっかりつくりあげているか？	問いかけに集中し、19回の充実したやり取りを通して両者の考えをつくりあげた。
文中からの事例を用いていたか？　考えの根拠を説明しているか？	事例や根拠を用いて考えを支えていた。12行目では、Ｂは生活経験をいかして理由づけをしていた。
両方の立場について、根拠を評価し、比較しているか？	二人はじっくり考えあい、結論を導きだすことができた。基準を用いたり、最後に選択を説明できるとさらによい。
互いに考えを説明することに熱心に取り組んでいるか？	発言は標準的な長さよりも長く、問いかけに沿って豊かな表現が用いられていた。
各教科で求められる考え方は用いられているか？	「解釈する」を用いていた。科学が人を「より良くする」とは何か、自然に反するプロセスとは何か、人が「おかしくなる」とはどういうことか、といった抽象的な概念の意味を考えていた。

(10)　コーチ役からのフィードバック（相互評価）を、会話の参加者が自己評価にいかすことが大切です。そのためにも、みんなで会話を上達させていこうとする意識を共有しておく必要があります。

(11)　ダニエル・キイス（Daniel Keyes, 1927～2014）によるＳＦ小説です。一九五九年に中編小説として発表され、一九六六年に長編小説として改作されました。知的障害をもつチャーリィは、手術によって天才的な知能を得ますが、知能の変化とともに、彼の生活や心にも大きな変化が生まれていきます。邦訳書として、小尾芙佐訳（ハヤカワ文庫、二〇一五年）があります。

(6) B そうだね。めちゃくちゃだよ。もう一方にあたる考えってあるかな？

(7) A 誰もが天才になれるっていうのはどうかな。科学がそれを支えるんだったら、いいってこと？ 科学って、さまざまな方法で人々の生活をより良くしているものね。

(8) B 何か具体的な例はある？

(9) A たとえば、薬だね。病気を治すのに役立つよね。去年、感染症にかかったときも、薬を飲んだらすぐによくなったよ。

(10) B そうだね。チャーリィみたいな人を賢く見せるのにもいいよね。

(11) A どういう意味？

(12) B チャーリィみたいな人が学校とかにいたら、ちょっとおかしいのかなって思ってしまうよね。彼の内面は、僕たちよりもよっぽどすぐれているかもしれないのにさ。

(13) A なるほどね。これで両方について考えられたかな？

(14) B うん、じゃあ、どちらがより重要かを決めようよ。

(15) A 決められないなぁ。人体実験は自然なことじゃないからいけないと思うけど。

(16) B だけど、さっき言ったように、チャーリィのような人を内面で判断するのに役立つかもしれないよね。

(17) A 作者は、私たちにもっと考えてほしかったんだと思う。人体実験は自然に反しているし、よくないことなんだけど、この作者、誰だっけ？　彼らがおかしい人たちだって私たちに思ってほしくなかったんじゃないかな。君はどう思う？

⒅　B　僕も賛成だね。この本の終わりでは、実験に対して怒りだけではない感情をもっていたよ。彼が実験で死んじゃってたら話は違っていたかもしれないけど、そうはならなかったから。

⒆　A　そうだね。

会話の向上を目指した授業改善

探究的な授業改善ないしアクション・リサーチ(12)が、授業改善に向けての重要な課題や問いを設定し、さまざまな指導法を試しながら生徒の学びにどのような効果があったのかについて検証していきます。私たちの場合は、集めた根拠をもとにして、生徒の会話を最適化する方法を考えることに取り組んでいます。これは一人でも行えますが、チームで取り組むとより効果的です（第

(12)　この授業改善に極めて効果的なアクション・リサーチの詳しいやり方については、『質問・発問をハックする』および『シンプルな方法で学校は変わる』や『「学び」で組織は成長する』を参照してください。

6章で紹介するPLCも参考にしてください)。

私たちが抱えている大きな課題の一つは、授業中に同時進行しているすべての会話を評価するということですが、当然、それは不可能です。そのため、効果的に評価し、会話から情報を得るために、計画的で、選択的で、工夫された方法を用意する必要があります。次に、いくつかの方法を示します。

・生徒の実態を考慮し、評価項目に優先順位をつけたリストを作成します。一八五~一九四ページにある評価観点のリストから選んで、順位づけをするのもよいでしょう(例・使用する言葉、会話のスキル、内容の理解、思考力)。
・クラス全員の会話が観察できるように、三週間以上の期間を使った観察計画を立てます。
・録画・録音し(スマートフォンやタブレット、コンピューターに)、見たいところや聞きたいところを絞り込んで会話を分析します。

もう一つの課題は、学習会話から得た情報をどのようにいかすかということです。たとえば、五年生のクラスで数日にわたって会話を記録し、聞いたとします。生徒の会話には、内容も話し合い方もさまざまなレベルが混ざっているでしょう。教師として、会話から得た情報を次の授業にどのようにいかすべきでしょうか?

これらの記録を分析することは、発言のパターンや出されたテーマを捉えるための耳と目を鍛える際に役立ちます。ちょうど、研究者が質的な分析をするようにです。そのなかで、会話のスキルや内容理解、思考スキルの活用、話者交替について、うまくいっているところやいかしたいところを見いだしていきます。

分析するスキルを教師が高めるためには、生徒の会話を用いて、たくさんの練習をするための時間と経験が必要になりますが、このスキルが向上することによって日常の学習場面におけるさまざまな会話のなかから指導にいかすべき内容を的確に導きだせるようになりますから、見返りは非常に大きいといえます。

パターン(13)を見つける練習

五年生の会話を以下に三つ示します。授業中、生徒がペアを組んで、同じ話題について一斉に

(13)　本書における「パターン」とは、学級全体（いくつかのグループ）で多く見られるやり取りの特徴を指していると思われます。個々の様子ではなく、全体の状態を捉えているということです。個人の評価ももちろん大切ですが、全体の状態を的確に捉えることによって、多くの生徒にとって必要性の高い内容が選べますし、ミニ・レッスンなどにおいて指導しやすくなります。

話し合いました。その場にいる教師だと思って、二一八ページに示した**表5-4**のツールを使いながら（右側の欄は隠しておきましょう）、三つの会話例のなかから特徴的なパターンを分析してみてください。

生徒は、ポール・リビア[14]による「ボストン虐殺事件」の詩と版画について、なぜ彼はそれらをつくったのか、それらはどのような影響を与えたのかについて話し合っています。

会話1

(1) **A** なんで、リビアはこの絵を描いたんだと思う？
(2) **B** 民衆の怒りを高めるためかな。
(3) **A** どういう意味？
(4) **B** リビアは、この絵を「ボストン虐殺事件」と呼んだよね。だけど、殺されたのはたった五人なんだ。
(5) **A** それで？
(6) **B** 虐殺って、たくさんの人が死ぬってことでしょ？　そこにいた人全員みたいに。
(7) **A** じゃあ、絵を見てみよう。

(8)　B　うん、見てよ。地面に横たわっている死体はいくつある？
(9)　A　横たわっているのは三人だね。二人は運ばれているよ。
(10)　B　合わせて五人だよね？　だけど、兵士たちの存在によって、もっとたくさんに見えるよね。兵士は発砲を続けているから。
(11)　A　それで、L夫人は入植者が事件を起こしたって言ったのかな？
(12)　B　絵からは判断できないね。だとすると、リビアは嘘つきだって思わない？
(13)　A　そうだね。だけど、なぜ嘘をついたんだ？
(14)　B　入植者のすべてが争いを起こしたいと思っていたわけではないと思うんだ。とくに、裕福な人や仕事に恵まれている人は。
(15)　A　うん。だから、何が起きたのかを伝えるだけじゃなかったんだね。
(16)　B　さらに虐殺が起こるんじゃないかという恐怖を民衆に感じさせたかったのかもしれないね。
(17)　A　これを見たら怖くなるもの。

(14)　八三ページの注（14）を参照してください。"Bloody Massacre on King Street"で検索してください。

会話2

(1) C 兵士はすごく怒っているように見えるね。
(2) D 彼らは入植者に怒っているんだと思うよ。
(3) C でも、彼らがはじめたんだよね。
(4) D 誰のこと？
(5) C 入植者。
(6) D あぁ。イギリス人の兵士が銃を持って町中にいたんだよね。嫌だなぁ。
(7) C しかも、彼らは民衆にたくさんの税を課したんだよ。
(8) D 何のために？
(9) C おそらく、兵士に支払うためさ。
(10) D なんで彼らが怒っているのか分かったよ。
(11) C なんで？
(12) D 彼らは、ベビーシッターみたいに、そこら中に兵士がいて欲しくなかったんだ。自分たちだけでいたかったんだよ。
(13) C だから、リビアが版画をつくった意図は、兵士が……。

(14) D　そう、みんなが兵士に怒りを向けるためだろうね。
(15) C　そうだね。これでいいかな。

会話3

(1) E　彼の詩は、多くの血が流されて、たくさんの死者が出たと伝えているよね。ここにあるように、「神聖な道が罪のない血で汚された」や「凶悪な蛮人が獲物を手にしてニヤリとするように虐殺を許し、一日を楽しまん」のとおりだったと思う？　違うよね。兵士はそんなこと考えていなかったと思う。
(2) F　うん。彼は、実際よりも物事を悪く伝えているよね。兵士を悪魔のように描いている。
(3) E　彼らに対して、人々の怒りが燃えるようにしたんだと思う。
(4) F　でも、それって誇張された話であって事実じゃないよね。
(5) E　兵士が人を殺したってことは事実でしょう。
(6) F　ああ、でもそのことについても大げさに言って、虐殺って呼んだんだ。人々の怒りをあおるためにね。絵と詩を見てみようよ。
(7) E　このことが独立戦争につながったとするのは正しいのだろうか？

表５－４　生徒の会話からパターンを見つけるための評価ツールの例

質問	パターン（＋と－）
二人の生徒は、問いかけに沿って話し合い、互いの考えを十分につくりあげているか？	三つともよく取り組めていた。全員、考えの偏りや宣伝行為についての考えをつくりあげた。
考えを明確にして話したり、相手の発言が明確になるように働きかけたりしているか？（とくに因果関係）	明確にするための質問をよくしていたが、因果関係を明らかにする質問をもっとすれば、どんな影響があったのかについて考えをしっかりまとめられただろう。（問いかけの最後の部分）
一次資料を含めた異なる情報源から、的確に根拠を取り出すことができているか？	一次資料からの事例を用いて考えをサポートできていたが、どの会話でも一つか二つの根拠についてしか扱えなかった。全員、複数の情報源から根拠を得られるようにしたい。

(8)　F　どういう意味？

(9)　E　たぶん、これらのことが人々の怒りを高めたので、イギリスと戦うことにつながったんじゃないかな。

(10)　F　どうだろう。

学習会話を分析する手順

次に示す手順は、すでに紹介したものに似ているかもしれませんが、複数の生徒が会話のなかでどのように学んでいるのかについて、根拠をもって分析する場合に役立ちます。それぞれの段階において思考や会話のきっかけとなるように、問いの例やアドバイス、考えはじめの言葉を掲載しておきました。

これらをもとに、それぞれのグループで見られる傾向やパターンを探します。学習会や学年会で取り組む際には、見つけた課題を解決するための手立てを発表しあうとよいでしょう。あとで再集合し、根拠となる新たな材料（実践記録、録画・録音データ、生徒が書いたものなど）を持ち寄って、取り入れた指導法が生徒の学習に影響を与えたか、それはどの程度であったのかを紹介しあいます。(15)

①探究の問いを選ぶ——次のような問いを考えます。「私たちは、何を改善するのか（会話のいくつかの側面について）、何を根拠にして確かめられるのか（一つ以上の種類の根拠を提示する）、どのようにそれは改善できるのか（特定の指導法や手立ての活用について）」

②期待する姿を明確にする——生徒の会話において、どのような学びの姿を期待していますか？

---

(15)　翻訳協力者の一人から「私たちの検討会でも、初めのうちは『会話を分析して……』みたいに取り組むのですが、『指導案づくり』や『新しい話題づくり』などのほうに意識が向いてしまう気がしました。本来、このような手順で分析していくことで、生徒の力が向上するのだと思います」というコメントがありました。こういう分析の方法を、現場の教師として学ぶ機会が少ないことが原因かもしれません。ここで示された方法を活用して、職場や研修会で取り組んでいくことをおすすめします。

発言例――「おそらくですが……」、「……な様子が見られることを期待します」、「もしかしたらですけど……」、「このデータが示す生徒の学びの可能性として……」

③**パターンや傾向を導きだす**――どんな全体的な傾向が見られましたか？（事実だけを選べるようにします。）　発言例――「……という様子が見られました」、「私が発見した会話のパターン・傾向として……」、「私が数えたのは……」、「……の割合は」、「……の様子を見て驚きました」（ここでは、「なぜなら……」、「ですので……」、「……のようだ」、「しかし……」などといった推論の言葉は使わないようにしましょう。）

④**解釈する**――根拠やデータから、生徒の学びについてどのような解釈や推論ができるでしょうか？　発言例――「この根拠は……を示していると考えます。なぜなら……」、「おそらく、○○は……のようなパターンが生じる要因となっています」、「生徒には……が必要だと考えられます」

⑤**データに対して疑問をもつ**――解釈に関して、次のような新たな問いを立てましょう。「なぜ、生徒はこのようにしたのだろう？」、「この部分を改善するには、さらにどのような指導をしたらいいだろうか？」、「根拠とする実態は、指導法の変更を迫るほど間違いなく重要なものだといえるだろうか？」

⑥**解決方法を考える**――指導と評価によって予想される結果はどのようなものでしょうか？　発

言例――「……を試すこともできるのではないか。なぜなら……」、「この方法や評価は、このグループにとってもっとも効果的な方法だといえるでしょう。なぜなら……」

⑦行動計画を立て、次回の会合に持ち寄るものを検討する――次回の会合において探究の問いに答えるために、どのような成果物や根拠材料、情報を持ち寄るかを決めます。これは、教室に戻ったときに注目する視点を得ることにもつながります。この視点があれば、根拠となる事象が集めやすくなります。発言例――「次回の会合で分析する材料として何を持ち寄りますか？」、「根拠を集められるように、どのような指導と評価をしますか？」

この点については、研究者のように考えることが有効となります。

「私たちの問いの解決に向けてより多くの成果を得るためには、活動内容や情報の収集方法をどのように構成すればよいだろうか？」

用いられる形式としては、①すべての教師が同じ方法で指導し、同じ方法で評価をする、②異なる指導法を活用し、同じ方法で評価をする、③同じ方法での授業に対して異なる評価をする、といったものがあります。そして、最終的には次のように問いかけます。

「次回の会合の前に、今回の範囲について育成すべきことや、探究の問いを解決するためにしておくべきことがほかにないでしょうか？（たとえば、本や論文を読んでくる、研修会に参加する、ティームティーチングを観察する、教室で誰かにモデルを示してもらう、など）」

学習会話の診断的評価と総括的評価

前述したように、この章の大部分は学習会話の形成的評価に焦点を当てています。形成的評価が年間を通して継続されて行われるのに対して、診断的評価は学年や学期（あるいは単元）のはじまりに実施され、総括的評価は学期や学年の終わりに実施される評価です。

ご存じのように、診断的評価は、すでにできるようになっていることや、指導が必要なところを見取ることが目的となっています。一方、総括的評価は、学期や年間を通してクラスメイトと会話し、スキル向上に取り組むうえにおいての大きな目標となっています。教師は、次のような課題を提示してもよいでしょう。

「学期の終わりには、学習したばかりの内容を話題にした二人組での会話を録音します。学習会話のスキルや学習用語、思考の方法などを効果的に用いている様子が見られることを期待しています」

このような目標を意識させることで、生徒は学期を通して、より目的をもってこれらのスキルの上達に取り組みます。自身が作成した形成的評価のツールや総括的評価のツールの一部を活用して、年間を通して学習会話の練習を指導したり、最終的な評価をしてもよいでしょう。

使用する会話の種類に関してですが、私は討論をおすすめします。というのも、討論では少なくとも二つの競合する考えをつくりあげることが求められますから、多くの場合、生徒は熱中して取り組みます。

事柄の両面をつくりあげる際に用いた根拠をじっくりと評価し、比較することができなかったとしても、教師が求めていた充実した会話を生徒は示すでしょう。そういった学習会話は、学習内容、話し方、聞き方、思考力、非言語によるコミュニケーションスキルの定着を確かめるための「窓」となります。

「書いてみる―会話する―書きまとめる」の手順

この評価の活動はスタンフォード大学の言語理解チームによって開発されたもので、まずは書いてみる（事前評価）、生徒同士の会話、会話を踏まえて再度書いてみる（事後評価）によって構成されています（Writing のW、Conversation のC、Writing のWを取って、「ＷＣＷ方式」と呼ぶことにします）。

この活動のフォーマットは自由度が高く、教師間での対比や経時的な比較、あるいはグループ間の比較もできます。ただし、三つの活動に一貫性をもたせるようにしましょう。

基本のフォーマットは、「書いてみる―会話する―書きまとめる」となります。このように「サンドイッチ型」となっているのは、二回の書く活動に挟まれた会話の影響を取り出して分析するためです。間接的な方法ではありますが、記録した全員分の会話を聞くよりは、関連する根拠を簡単に集めて分析することができます。

事前と事後の書く活動の間にさまざまな活動を差し込むと（たとえば、読書、口頭発表、ビデオ、ペア交流）、事前・事後での評価の違いの要因について検討できなくなりますから、プロセスの中間には会話だけを入れるようにしましょう。

ＷＣＷ方式を使うことで次の点が確認できます。

・会話スキルと内容についての知識
・書くスキルと内容についての知識
・会話の前後に書かれた二つの記述事例の差異
・会話が事前と事後の評価の差異にどのような影響を与えたか

このような方法で会話のデータを繰り返し収集すれば、生徒が年間を通じて会話を向上させていった記録を集めることができます。また、事後の記述内容をもとにすれば、内容理解や言語能力の高まりについての分析も可能となります。なお、ＷＣＷ方式とその応用版は、評価方法であると同時に、会話を通して学び、書く練習をする際の指導方法であるともいえます。手順は次のようになります。

①**問いかけを設定する**――じっくり深く会話ができるように、討論を促すような問いかけを設定します。

②**（W）問いかけについてまず書いてみる（事前評価）**

③**活動の見通しをもたせる**――もう一度書く前に、ほかの生徒と最初の考えについて会話をするように知らせておきます。一つ以上の考えについて、明確にしたり、根拠や事例、理由を用いて考えを支えたりしながらつくりあげることを意識させます。討論を促す問いかけであれば、可能なかぎり両方の立場の考えをつくりあげ、それからどちらの考えがより説得力があるのかについて判断することを意識させます。

④**名前を書かせて、事前の記述を集める**

⑤**（C）生徒を二人組にし、パートナーと問いかけについて会話する**――再度、一つ以上の考えについて、明確にしたり、根拠や事例、理由を用いて考えを支えたりしながらつくりあげることを強調します。討論を促す問いかけであれば、可能なかぎり両方の立場の考えをつくりあげ、それからどちらの考えがより説得力があるのかについて判断することを意識させます。この会話の様子を録音か録画するとよいでしょう。

⑥（W）問いかけについての自分の考えを書きまとめる（事後評価）——事前に書いたものを見ずに書かせます。さらにもう一度、一つ以上の考えについて明確にしたり、根拠や事例、理由を用いて考えを支えたりしながらつくりあげることを意識させます。

討論型の話題であれば、可能なかぎり両方の立場の考えをつくりあげ、それからどちらの考えがより説得力があるのかについて判断させます。事前の記述と大体同じくらいの時間を設定するとよいでしょう。

記名のうえ提出してもらい、事前に書いたものと突きあわせます。必要に応じて、会話を通して加えた情報や考えの部分に赤線を引かせておきましょう。

⑦後述するツールを用いて、事前と事後の記述の差異を分析する（会話の分析からはじめることも可能）——**表5－5**（二二八ページ）の真ん中の列を用いながら会話を視聴します。会話のなかに根拠を見いだせる記述内容の変化を探します。

このプロセスでの記述や会話を高めるために、事前の評価として、記述の前にほかの活動を加えることも可能です。

一つの方法として、事前の記述前に第2章で示した「三回連続ペアトーク」(16)（六七ページ）のようなペアでの伝えあい（S）を交互に行わせて、「ペアで伝えあう—ペアで伝えあう—書いてみる―会話する―書きまとめる（SSWCW）」とする方法もあります。ほかにも、先に文章を読む活動を取り入れて、「文章を読む―書いてみる―会話する―書きまとめる（RWCW）」とする方法がありますし、書く活動の前後に会話を二回取り入れて、「会話する―書いてみる―会話する（CWC）」とすることもできます。(17)

さらには、「会話する―文章を読む―会話する（CRC）」、「会話する―ペアで伝えあう―会話する（CSC）」、「会話する―ビデオを視聴する―会話する（CVC）」といった方法もありますし、真ん中に会話スキルや内容についての指導場面（Teaching＝モデルを示す、練習、支援しながら考えさせる）を挟んで、「会話する―指導する―会話する（CTC）」とすることも可能です。もう一つ付け加えれば、絵画や楽曲の一部などを根拠材料（Evidence）として用いて、「作品をつくる―会話する―作品を改良する（ECE）」としてもよいでしょう。

---

(16)　ペアでの伝えあいは、基本的に一方向で伝える活動であり、片方が固定的な話し手となってパートナーに考えを話します。パートナーである聞き手は、必要に応じて質問をしますが、会話のように次の話し手となることはありません。

(17)　この場合ですと、書くことと会話のそれぞれのスキルを確かめたり、書くことが会話にどのような影響を与えたかについて分析することが可能となります。

表５−５　記述―会話―記述を評価するツールの例

場面	考えの特徴	評価・メモ
事前の記述、会話、事後の記述	話題についての建設的な考えをいくつか出している。	
	根拠や事例、説明（正確な内容）で考えを支えている。	
	考えや語句を明確にしている（必要であれば）。	
	教科に応じた思考（因果関係、解釈、見方・考え方、考えの偏り、分析）をしている。	
	適切な言葉の用い方（語彙、文法、構成）をしている。	
	討論であれば、説得力が高くて重要な方を選べるように、考えを評価して比較している。	
学習会話	交互に話し、互いの発言に積みあげている。	
	互いの考えを尊重している。	
	非言語によるコミュニケーション。	

ＷＣＷ方式の分析ツール

表５－５は、記述内容や会話を評価するために使用しているツールを複合させた分析ツールです。上の六項目は、事前と事後の記述内容やその間の会話を評価し、比較する項目です。その下にある三項目は、会話について評価する項目です。

評価の欄には、０、１、２などの評価点や記号を入れて、どれくらいできているかを判断するとよいでしょう。具体的な様子のメモを書き入れておくと、さらに役立つようになります。

ＷＣＷ方式の事例

四年生の理科の授業におけるＷＣＷ方式の事例を示しましょう。問いかけは、「カメはどのように甲羅《こうら》をもつようになったのか説明しよう」です。事前の記述として生徒Ａは、「カメは、ネコやほかの動物に食べられたくなかったので甲羅をもちはじめた」と書いていました。

⑴　**A**　カメが身を守るために甲羅をもっているのは分かってるんだけど、どうやって手に入れたんだろう？

(2) B 大型の動物が彼らを食べようとするとき、命を守ってくれているよね。
(3) A そうだね。でも、僕が言いたいのはどのようにして甲羅《こうら》を手に入れたのかってこと。
(4) B あぁ、それは分からないなぁ。たぶん、大昔はトカゲみたいな姿だったけど、その皮膚の上にああいうのが乗っかって……。
(5) A 鱗《うろこ》?
(6) B そう、大きなものを手に入れたんだ。鱗をね。
(7) A なぜ?
(8) B それは分からないけどさ。
(9) A きっと一匹のトカゲじゃないよね。S氏の記事によると、少し違う特徴をもって生まれてくるものがいて、その特徴が役に立つことがあるらしいんだ。君が言うように、おそらくほかより大きな鱗をもったやつが現れたんだろうね。
(10) B それで、彼らはほかの小さな鱗をもつ個体よりも生存しやすかったんだ。たぶん、ネコも彼らを食べることは難しかったんだろう。
(11) A それから、大きな鱗をもった赤ちゃんが生まれて、そいつらが大きくなっていって……。
(12) B そして、大きくなって、仲間同士で繁殖して、現在のカメのようになったってことだ。
(13) A 面白いね。

事後の記述（生徒A）

カメは、大昔には甲羅をもっていなかったが、それをもつようになっていった。カメは、おそらくトカゲのようだったのかもしれない。そのなかから、ほかのものとは異なる大きな鱗をもった個体がいくつか登場し、その鱗のおかげで食べられるのが防げた。彼らは子孫を残し、大きな鱗を維持した。彼らは甲羅をつくるために仲間内で繁殖していき、現在では、実際に猫や大型の動物から身を守っている。

事前と事後の記述例では、内容と文章の量に明らかな違いが見られます。生徒Aは会話のあとに、自然淘汰についてしっかりとした考えをもてるようになりました。また、事後の記述では、会話で出された語句や表現をそのまま取り入れたり、参考にしていることが分かります。

会話に関しては、とても建設的で、自然淘汰についての重要な考えに焦点化して話し合えています。生徒Bは、大昔のカメはトカゲのようであったという考えを出し、生徒Aも九行目の発言で考えを付け加えています。また、明確にするための質問をし、考えを支える発言もいくつかすることができました（S氏の記事を出していました）。

さらに求めるとするならば、本や絵の情報を根拠に加えたり、ほかの生物の適応について既有知識をいかすことができたと思われます。とはいえ、この事例を通して、一度の会話を取り入れたことで大きな違いが生みだせたと実感したでしょう。また生徒は、自身の考えの深まりを実感したことで、これからも充実した会話をしていこうという意欲をもったと思います。

アクティビティー（5-1）会話についてのパフォーマンス課題（討論の場合）

ここでは、総括的評価のためのパフォーマンス課題を示します。生徒は討論と合意形成スキルに基づいた学習会話に取り組みます。この課題を通して、考えをつくることや、明確にすること、考えを支えることがどのくらいできているかとともに、いかに根拠を評価し、考えを選択し、全体を通じて協力して取り組めたのかについて評価します。

この章に示したアイディアを使って、ルーブリックあるいは評価ツールをつくるとよいでしょう。また、年度初めや年度の途中、そして年度終わりといった時期に実施して、生徒の会話が成長している様子を確かめるとよいでしょう。活動の流れは次のようになります。

①見通しをもたせる——生徒にこれから読む本を知らせ、学習の流れを確認します。

・本を読んでから学級全体で短く話し合う。

・ランダムにペアをつくる。

・課題について、複数の立場のうちどれがもっとも重要であるかを決めるための会話に取り組む。

②関連する本を読む――生徒は、一つか、場合によっては複数の文章を読みます。文中や別の紙にメモを取ってもよいでしょう。

③全体で話し合う――五分程度で全体での話し合いを行い、根拠や理由づけをしながら、それぞれの立場における課題の要点をまとめます。板書でTチャートに整理し、いつでも見られるようにしておきましょう。

④会話の際の注意点を確認する――効果的な会話となるように、いくつかの点を確認しておくようにしましょう。

・合理的な選択ができるように、考えを明確にする。
・理由や根拠を用いて考えを支える。
・どちらの考えがより説得力があるかを評価する（基準を用いて）。
・協力して取り組むといった会話スキルを使う。
・やり取りを続けることや適切な言葉を使う必要がある。
・会話の終了直前まで考えが不一致の状態でもかまわないので、なぜ自分がその立場を選ぶのかをできるだけ長く説明しあう。そうすることで、根拠の重要度を検討する際、それぞれが重視している価値の違いを理解する契機が得られやすくなる。
・必要であれば、会話中に板書を見たり、文章を読み返したり、自分のメモを確認したりしてもよい。

⑤ペアで会話する——ランダムにペアをつくります（くじでもよい）。もし、うまく取り組めないと思われるペアがいるようであれば、その二人は組ませないようにします。会話がはじまったら、「どうしても」というときでないかぎり、生徒同士の会話を手助けしないようにします。五分後に会話を止めます。

⑥自分の考えをまとめる——最終的にどの立場を選択したのか、理由や根拠を用いて記述します。

会話を向上させる指導のためのチェックリスト

教師が取り組むべきことをリストアップしておくと便利だと思いますので、この章やこれまでの章のなかから取り出しておきます。このリストは起点となるものですから、付け加えたり、修正をするなどして、自身の自己評価や観察においていかしやすいものを開発してください。

指導者として、次のことに取り組めていますか？

・会話に取り組ませるうえで、熱中できる目的や、はっきりとした問いかけが設定できていますか？
・会話が成立するように、互いの生徒がまだ知らないような情報や考え、意見をもたせていますか？（インフォメーション・ギャップをいかす）
・分かりやすく伝えるための言葉の例など、支援の手立てを必要に応じて用意するといった準備はできていますか？
・建設的で発展的な会話となるように、適切な方法でモデルを示したり、必要な支援を提供したり、十分な時間を確保するといったことはできていますか？
・生徒が安心して互いの考えを交流するような環境づくりはできていますか？
・会話は、学習においても人間関係づくりにおいても価値のある方法だということを生徒が実感できるようにしていますか？
・学習のために会話を活用できるよう、カリキュラムを選んだり、デザインをしたり、アレンジを行っていますか？
・生徒の会話を観察し、気づいたよい点や課題となる点を指導にいかすといった活動はできていますか？

まとめ

学校内でのすべての会話を完璧に評価する方法は残念ながら開発されていませんが、できるだけ効果的な評価を続けていく必要があります。その理由として、次の三つが挙げられます。

❶生徒が何を学んでいて、何をさらに学ぶ必要があるのかを明らかにするため。
❷生徒とのコミュニケーションを高める方法を理解するため。
❸教師も生徒も学習会話のスキルを高められるようなフィードバックを提供するため。

実際、学習会話に取り組んでいる多くの教師が、小テストや試験よりも生徒の会話を観察することによって理解状況が捉えられる、と指摘しています。また、会話の評価活動は指導としての効果が得られる場合が多いので、「(学習と評価の）一挙両得だ」と言っている教師がいるぐらいです。

第6章 会話をたがやすマインドセット、文化、そしてサポート

人との会話が得意な生徒を育てるためには「村」[1]が必要だ。

最終章では、これまでの章で述べてきたことをまとめ、あなたの環境において活発な会話を生みだすための実行可能なロードマップ（指針）の作成を手助けします。学年や教科の違いに関係なく、会話の発展をサポートするには、これらのロードマップを実行する必要があります。ロードマップは、次の三つが重複する領域に分類されます。

❶会話のマインドセット（考え方）
❷教室の文化と実践
❸校内体制の構築とサポート

（1）「村」という訳語にはいくぶん閉鎖的なイメージがありますが、ここでは、生徒の会話スキルを伸ばすためには学習会話の重要性を認識した身近な人たちの関与が必要だということを述べています。

会話のマインドセット(2)

一つ目の領域は、生徒個人のレベルに作用します。ご存じのように、学びの基盤はカリキュラムではなく一人ひとりの頭の中にあります。(3) その基盤を構成する要素の一つは、学びはどのように起こるのかに関する生徒のマインドセットです。私たちは、会話の方法や会話を用いた学び方を学ぶためのマインドセットを改善し、深め、育成しようとしています。

ここでは、生徒に育てるべきマインドセットと、そのための提案をいくつか紹介しましょう。

多様な考えをつくりあげることこそが一番の学びだ
——それぞれの考えをできるだけつくりあげたい

「学びとは、さまざまなこと（読む、書く、考える、話す、聞く、見る、会話する）に取り組んで有意義な考えをつくりあげることだ」というマインドセットを、教師だけでなく生徒ももつ必要があります。これは、教師の学びに対する考え方や言動、授業において生徒に課す学習や課題、および評価のタイプなどが大きく影響してきます。

もちろん、この「考えをつくりあげたい」というマインドセットは、多くの場面でシステムに逆らうことを意味します。仮に、「教師の話をおとなしく座って聞き、それをオウム返しに言える」ことが学習の主な方法だと考えている（そして、テストの点数で学びの成果を示そうとする）教師を相手にするならば、あなたは苦しい闘いを強いられるでしょう。しかし、生徒が会話をするのに開放的な場所、生徒の声を大切にする場所、生徒が考えをつくりあげることが許されている場所では、有意義で永続的な学びが起こります。

このマインドセットは、成功している多くの教室では基礎となっており、会話の課題として欠かせないものです。それにもかかわらず、これから述べていくマインドセットのなかでは、おそらくもっとも育成が難しいものとなります。

ソーシャルメディア、テレビ、携帯メール、ビデオゲームなどがあふれている今日の社会文化的な状況では、簡潔で未成熟な考えが好まれやすいといった傾向があります。また、ここ数十年の学校教育にも問題があります。分断されたテストや総花的な（幅は広いが深さがまったくない）カリキュラムのなかでは、考えをつくりあげることを基盤とする学習が促されるといった環境は存在しません。

（２）一五ページの注（８）を参照してください。
（３）この文章は、特別大書したいです。とくに日本では、忘れ去られていることですから。

細切れの短い文章をたくさん読んだり、多肢選択式の問題に答えたりしているだけでは、その教科のなかで複雑な考えをつくりあげるための言葉を使ったり考えたりするだけの十分な練習はできません。

たとえば、「この短編小説のテーマは何だと思いますか?」と尋ねたとき、ほとんどの生徒から出てくるのは、「友情について」とか「表紙だけで本を判断してはいけない」などのお決まりの回答ばかりです。そして、パートナーも、「そうだね、そう思うよ。それはいい考えだね」とか、「私は反対。愛がテーマだと思うから」というような反応をするだけです。このようなやり取りが考えを練りあげることは絶対にありません。

しかし、生徒が「自分たちは考えをつくりあげることができるし、それは必要だ」と深く信じておれば、学びは新しい水準に到達します。生徒は最低限の平凡な水準で話したり聞いたりすることをやめ、会話したり、聞いたり、話したり、読んだり、書いたりしながら、それぞれの考えを最大限につくりあげていくようになります。

このようなマインドセットを育てるためには、考えをつくりあげることをさまざまな場面で強調するとよいでしょう。クラス全体の話し合いのなかでは、「この考えをもっと練りあげることはできませんか?」と尋ねて、この種類の思考に生徒が取り組むように促します。一方、生徒は、いつでも書いたものを提出する前や、読んだり、話したり、聞いたり、描いたりしたときには、いつでも自分自身に向けてこのような質問をすることが大切となります。

短い書き物やアンケートを用いれば、教師は年間を通してこれらのマインドセットの強度が評価できます。直接、生徒に対して次のように尋ねてみましょう。「何を学んでいますか？」、「これまでに、どのような考えをつくってきましたか？」、「最近は、どのような考えをつくっていますか？」、「どのように学ぶのが一番よいでしょうか？」、「会話は、学習においてどのように役立っていますか？」(4)

討論では、すべての立場を練りあげてからどれかを選んだほうがよい

このマインドセットは、多くの生徒や大人が討論をしているときの考え方とは正反対なものになるでしょう。多くの場合、生徒は、ある問題に関するすべての立場の考えをしっかりと練りあげる前に意見を形成し、それを裏づけようとします。そして、歪んだ推論やかぎられた根拠のまま

(4)「『自分が今何について学んでいるか分からない』と『教師が生徒に対して何を学ばせたいかを言語化できていない』ということは無関係ではないはずです。学習のモチベーションにも大きく影響してきます」というコメントが翻訳協力者から届きました。これらの問いかけは、各教科の学習目的を明確化・自覚化することにも役立つはずです。

まで自説に固執し、何としても相手に勝とうとする傾向があります。

大人の私たちも、時々同じことをしています。しかし、私たちも生徒もこれを改善することができます。最後まで自分の立場（意見）を口にすることなく頭の中で保ち続ける、さらにいえば、すべての考えが十分に練りあげられるまで自分の立場を固めないようにする、といったことを生徒に教える必要があります。(5)

学びの進め方として大切な点は、「まずは一つ目の考えを練りあげる」という方針を守るための習慣をつけることです。つまり、心の奥では最初の考えに猛烈に反対していても、できるだけ多くのことを明確にしてパートナー（相手も反対しているかもしれませんが）と共有し、最初の考えを練りあげていきます。こうすれば、生徒がすべての考えについて十分に考えられるプロセスを形成することができますので、どちらの考えがよりすぐれているのかについて客観的な判断ができます。

また、勝とうとするストレスからも解放されます。それでも生徒は自分の意見に固執するかもしれませんが、しっかりと形成された別の考えと自分の考えをより公平に比較できますので、意見そのものがより確かなものになります。

このようなマインドセットを養うためにさまざまなワークシートの活用が可能ですが、その一つが、二六九ページに掲載した**図6－2**です。このワークシートは、つくりあげた両方の立場の考えを比較する「天秤」を表しています。

また、第2章で説明した「ビルディング・カード」（五三ページ）を使用する際には、それぞれの立場で一定数のカードを使用するように指示することもできます。また、生徒同士で、あるいは自分自身に次のように問いかける習慣をつけるとよいでしょう。

「考えとその構成要素は、可能なかぎり明確になっていますか？」

「この考えをより説得力の高いものにする根拠、事例、理由はありますか？」

生徒に対しては、彼らが思っている以上に、自分の考えを練りあげていくように励ます必要があります。

ほかの人を尊重し、大切にし、ほかの人から学ぶ

多くの生徒は、学習とは教師の話を聞いたり、文章を読んだりすることだというマインドセットをもっています。そのような学習では、バラバラの知識やスキル（算数・数学の問題を解くような）を重視するといった傾向が強くなります。

（5）　このことは第3章の討論学習のなかでも強調されていました。一〇七ページを参照してください。

私たちは、①クラスメイトとの交流から多くのことが学べ、②その学習には社会的スキル、人間関係、言語、思考のスキル（情報の取り出しを超えたもの）の開発も含まれている、というマインドセットを育てる必要があります。つまり、たとえ文法や語彙の間違いがあったとしても、ほかの人が使っている言葉を大切にしてほしいということです。

これは、たとえ最初は関連がない、役に立たない、正しいとは思えない考えだったとしても、クラスのほかの人の考えを大切にすることを意味します。それは、自分とは異なる考えの筋道を大切にすることでもあります。ほかの人が、人生や世界、学習内容に関するテーマについてどのように考えているのかについて学べば学ぶほど、それらはより良いものになるのです。

このマインドセットは、ほかの人を尊重し、大切にした結果として生まれ、互いの考えを安心して伝えあうことにつながります。「自分の考えていることは何でも安心して共有できる」という考え方は、とくに授業中、あまり話さない生徒にとってはとても重要です。大切にされている、尊重されていると感じられれば、共有することに対する恐怖心が減り、彼らの素晴らしい考えがクラス全体の学習にいかされるようになるのです。

このようなマインドセットを育てるためには、考えが大切にされていることを示す「会話のよいモデル」とともに、考えが大切にされていないことを示す「会話の悪いモデル」の提示が効果的です。悪いモデルを示すときは、考えを大切に扱われなかった側の生徒がどのように感じているのかと尋ねましょう。また、パートナーの発言を大切に聞いていることを示す「応答の仕方」をポスターにまとめるというのも効果的です。そして、会話を観察しながら、できるだけ生徒が相互に考えを大切にするように促していきましょう。

会話は、私（たち）が学んだことを形にし、自分（たち）のものにするための絶好のチャンスだ

このマインドセットは、何をどのように学ぶのかについて、生徒がある程度コントロールできるという感覚を意味するエイジェンシー(6)に焦点を当てたものです。教師は生徒に、次のように感じてほしいと願っているのではないでしょうか。

・「私はほかの人と学習内容に関するテーマについて話すとき、本当の『学習者』になっていると感じます」
・「自分の考えについて話すことで、自信がもてます」
・「ほかの人と話をしながら考えを生みだすのが好きです」
・「話すときには、自分がもっとも効果的だと思う方法で、自分の考えについて思考したり表

(6)　七～八ページを参照してください。

現することができます」

・「私は、考えに自分自身の情報や個人的な要素を加えることが好きなのですが、会話がそれを可能にしてくれます」

学習に遅れがある生徒にとっては、このような考え方が、思考したり会話したりすることに対して意欲的に取り組む動機づけとなります。

このようなマインドセットを育てるためには、自らの背景知識と創造性を使って、ほかの人と一緒に考えをつくりあげることの大切さに気づく必要があります。考えは互いに違っていても問題ない、と伝えましょう。たとえば、「なんと！　そのようなアプローチは初めて見たわ。なんて創造的なのでしょう！」などと声をかけましょう。そして、生徒にも同じような反応を促しましょう。

また、学校新聞、校内放送、サイエンス・フェア、文化祭などの場で生徒の考えが発表できる機会を提供すれば、ほかの生徒の学習に貢献していると感じることにもなるでしょう。自分たちのユニークな思いや考えが世界の人々の役に立っていると実感すれば、生徒の自信とオウナーシップ(7)は高まっていきます。

さらに教師のほうも、生徒たちが協力して考えをつくりあげ、会話のなかで論理的な決定が下せるといったことに対する期待値を高める必要があります。なかには、「お互いに学習内容に関するテーマで話し合うことは、この生徒にはまだできません」と言う教師もいます。しかし、彼らはできるのです。たとえ波乱に満ちた、ゆっくりとしたスタートであったとしても、生徒は学校で毎日会話をしますし、またしなければならないのです。

生徒には、「私が素晴らしい取り組みをして、ほかの人とともに重要な考えをつくりあげることを学校の先生は期待している。また、そのために会話することも期待している」と思ってもらいたいのです。

私はこの学習の場に所属している

生徒にとってもっとも重要な欲求の一つは、ある環境や集団に所属することです。多くの生徒が、学校に所属できていない（居場所がない）、クラスのほかの生徒に比べて学習に貢献できていないと感じています。これを克服するためには、会話のなかで生徒一人ひとりに帰属意識をもたせる必要があります。

---

(7)　八二ページの注（13）を参照してください。

会話によって得られるものの一つは、ほかの生徒との日常的なつながりです。クラスメイトと五時間一緒にいるのに、アイコンタクトや言葉をほとんど交わさなかったとしたらどうでしょうか（可能なら、生徒の一日の様子を追いかけてみてください。このような生徒が見つかるかもしれません）。このような状況では、自分のことを面白くない、友好的でない、友達に値しない、あるいは、もっと価値の低い人間だと感じてしまうかもしれません。

会話などの対面コミュニケーションでは、気まずいやり取りでさえも、このような感情を減少させるといった効果があります。私はこれまでに、「先生が定期的に話をさせてくれるので友達が増えて、学校が好きになった」と話す生徒にたくさん出会っています。

このようなマインドセットを育てるためには、自分の居場所がないと感じている生徒や、友達と比べて賢くない、うまくやれていないと感じている生徒のために、一定のルーティンや機会を設けるとよいでしょう。

知りあいのある教師は、生徒が生徒をサポートするというボランティア委員会を担当していますが、彼らは教室内や教室外での過ごし方のコツを教えたり、クラスの一員であると思えるような手助けを行っています。たとえば、移民の生徒に対しては、このクラスの内外やこの国に所属できていると感じられるような支援を日々行っています。

教室の文化と実践

劣悪な土壌に大木は育たないように、軟弱な地盤に巨大な高層ビルは建たないように、コミュニケーションを支え、育て、大切にする文化なしには会話を通じた深い学びは起こりません。文化には、価値観、考え方、マインドセット、そして集団内の人々が協力して物事を行うための「作法」が含まれています。

会話の文化を育てるもっとも効果的な方法は、日常の授業のなかに、会話やそのほかのやり取りをするといった活動を織り込むことです。教室の文化やモチベーションに関する多くの研究はいくつかの重要な要素にまとめられますので、次にそれを紹介していきます。

ペアやグループの構成を工夫する

しばしば問われることの一つに、「生徒を意図的にペアにするべきですか、それともランダムにするべきですか？」という質問がありますが、ご想像のとおり、私の答えは「どちらでも大丈夫」です。

生徒は、特定の時間に特定の人と話をすることで学べますし、また、そのあとの学校教育や実生活で経験する場合と同じく、ランダムな組み合わせでも学べます。意図的なペアの短所は、ペアをつくるのに時間がかかるという点です。逆に長所は、その生徒間でより多くの言葉が交わされ、内容が練りあげられるということです。

以下に、ペアとグループ活動を改善する具体的な方法をまとめました。

・考えを練りあげている間の数週間は、同じペアの生徒同士で会話を継続させる。

・会話のモデルとなるようなすぐれた生徒と口数の少ない生徒が話せるように、手助けできる生徒を見つけておく。彼らと時々ミーティングを行い、クラスのほかの生徒に話しかけてもらう。もし、彼らがおしゃべりな生徒の場合は、パートナーの考えに耳を傾け、大切にするように伝える。

・「会話ライン」[8]または「内回り・外回りの輪」[9]を使って、パートナーを交代する手助けをしながら、複数のパートナーと話し合うようにする（たとえば、「三回連続ペアトーク」を使う）。また、特定の生徒を意図的に配置して、話をさせる（させない）ようにする。

・「時計のパートナー（clock partner）」[10]といった方法を使う。生徒は、一日または一週間の特定の時間帯にほかの四人（あるいはそれ以上）との会話に参加する。「では、九時のパートナーと話し合いましょう。問いかけはこれです」などと指示をする。パートナーの決め方に手を加えることも可能。

・モデルを示す、レクチャー（教師の話）をする、ビデオを視聴するなどのクラス全体における活動の際には、より頻繁にペアワークを設定する。この種の指導においては、ほぼ数分おきに生徒の脳はぼんやりする。ペアワークを使えば生徒が内容について話すことになるので、そのような思考停止が防げる。

「ペアでの伝えあい」の質と量を向上する

「ペアでの伝えあい」[11]は、生徒がペアを組み、教師の問いかけに対する反応を互いに共有するといった短いやり取りです。これは、会話スキルを練習する絶好の機会となります。ペアでの伝え

---

(8)　二列の生徒（A列とB列）が向かいあってやり取りする方法です。六七ページの「三回連続ペアトーク」を参照してください。

(9)　一七八ページを参照してください。また、『私にも言いたいことがあります！』で詳しく紹介されています。

(10)　つまり、時間帯ごとのパートナーを決めておき、一定期間継続する方法です。その都度自由に組ませるよりは素早くペアがつくれますし、繰り返すことで関係もつくられていきます。

(11)　これには多様な名称があります。「pair-share」、「think-pair-share」、「turn-and-talk」などです。これらのバリエーションも多様にあります。詳しくは、『私にも言いたいことがあります！』を参照してください。

あいが会話そのもののようになる場合もありますが、通常は一人の生徒がまず一定時間話し、次にもう一方の生徒が一定時間話をします(12)。

ペアの時間が終わったら、何人かの生徒に、パートナーが何を言ったのか、あるいはペアで共有した内容に基づいて、どのような新しい考えをまとめることができたのかについてクラスに発表してもらいます。これによって生徒は共有の時間に耳を傾ける意欲が高まり、パートナーの発言も教室全体で確認できます。

ペアでの伝えあいは何十年も使われてきましたが、授業でもっと使われてもおかしくありません。たとえば、「5－2ルール」があります。これは、(教師の話などを)五分間聞いたり読んだりするたびに(二分間の)ペア活動を行い、情報を整理するというものです。

学んでいることを共有・整理する時間が、生徒にどれほど与えられているのかを確認してください。授業ごとに、少なくとも一回または二回のペアでの伝えあいを追加して、結果を確かめてみましょう。また、共有する前の考える時間もしっかりと設けましょう。このような考える時間がとても生産的なのです。

ペアでの伝えあいの質を向上させるためには、次のような方法があります。

①ペアでの伝えあいの目的をやり取り以上のものにする――真の価値が感じられないペアでの伝えあいには身が入らないという生徒もいます。教師が休憩を取ったり、生徒同士のやり取りを見

守ったりする時間だと認識していたら、生徒はやる気をなくし、最低限のことしかしなくなります。しかし、パートナーから得られた情報を有益だと感じたり、練りあげてきた考えを言葉にすることでパートナーの役に立つと気づけば、より豊かな学びが生みだされるでしょう。

②まず、一方のパートナー（生徒Ａ）が考えを紹介するために十分な時間を提供する——一定の時間を使い切るように指示します（中途半端な文で切りあげて、「はい、あなたの番」と伝えるのはやめましょう）。もし、生徒Ａが何も言わなければ、生徒Ｂは「○○についてはどのように思いますか？」などと質問し、考えの種《たね》を提供する手助けをします。そこまで終わってから、生徒Ｂのための時間に移りましょう。そして、次のペアでの伝えあいは生徒Ｂから開始するとよいでしょう。

③聞き手には、話し手が考えを明確にしたり、話し手の考えを支えたりするように伝える——聞いているときにただうなずくだけではなく、話し手のメッセージのなかから、抽象的な考えやキーワードのような、明確な説明が必要とされる事柄を選びださせるようにしましょう。また、話し手の考えを支えるように促しましょう。さらに、「自分が聞き手のときには、話し手に対して、明確にする質問または支える質問を一つ以上すること」といった指示もできます。

（12）　二二七ページの注（16）も参照してください。

④ペアになっている生徒二人が、互いに異なる情報を共有できるようにする（インフォメーション・ギャップ）――生徒がもっている情報が同じなら、話したり聞いたりする必要はほとんどありません。情報のギャップを生みだすには、生徒の背景知識や視点の違いを引き出す、各生徒が別の文章を読む、生徒に別々のインフォメーション・カードを配付するなどの方法があります。[13]また、ペアでの伝えあいの際に二つの異なる質問を提示し、それぞれが別の質問に答えるのです。こうすれば、「同じです」とか「賛成です」といった短い回答が防げます。

⑤二～三組のペアでの伝えあいを連続して行う（この活動は第3章で説明した「三回連続ペアトーク」の土台になります）――多くの生徒にとって、最初のペアでの伝えあいはちょっとした話し言葉の予行練習のようなものでしかなく、まだしっかりとした考えにはなっていません。しかし、何回か繰り返せば、お互いに明確にする質問や支える質問ができるようになりますし、前のパートナーの言葉から学んだことをいかして自分が話そうとする内容の練習ができます。

生徒は、考えを改善しようと後押ししたり、後押しされたりします。この応用編として、「スィンク・ペア・スクウェア（Think-Pair-Square）」があります。ペアでお互いに共有したあと、相手から聞いたことを共有するために別のペアと組みます。これによって生徒には、クラス全体で交流する代わりに三人と共有する機会が与えられます。これは、ほかの活動のために四人グループをつくる場合のよい方法となります。[14]

表６－１　話し手または聞き手として、ペアでの伝えあいを向上させる方法

話し手として	聞き手として
最初に考えの中心かトピック・センテンスを話す。つまり、自分の意見、主張、仮説、予想、（起こったことの）過程、解釈など。	パートナーと向きあい、興味を示し、積極的に耳を傾ける。下を向くことで話す人の流れを止めるのを最小限にするために、聞いている間のメモは一語か二語だけにする。
トピック・センテンス（例・意見）を話し終えたら、そのなかで聞き手の心の中で整理しておいてほしい言葉について説明する。聞き手から質問される前に明確にしたほうがよい。	話の邪魔をしない。考え直したり言い直したりする時間と余裕をパートナーに与える。もし、明確にすることが役立ちそうならパートナーに問いかける。（「それは～という意味であってる？」、「どうしてそう思うの？」、「それはどこに書いてあったの？」、「ウェブサイトで読んだの？」、「つまり～ということだよね？」）
本、クラスでの議論、自分の生活のなかから根拠を示す（それで考えを明確にすることもできる）。	ほかの人と共有したり、別の活動で使ったりすることができるように、パートナーが話したことを覚えておく（ただし、話し手が話している間はメモをとらない）。

⑥さまざまな方法を使ってペアでの伝えあいを自分たちで高めていくように生徒を励ます——表６－１の内容を使ってみるようにと伝えましょう。

⑦ペアでの伝えあいのやり方に変更を加える——たとえば次の方法があります。さまざまな読む活動

(13)　九八ページで紹介されている「インフォーメーション・ギャップ・カード」を活用することもできます。

(14)　「スィンク・ペア・シェア（Think-Pair-Share）」が「個別→二人→クラス全体での共有」であるのに対して、ここで提案されている活動は「個別→ペア→四人組」となっています。

や書く活動を組み込むのです。

・個別に考える－書く－ペアで伝えあう－クラスで共有する（TWPS）[15]
・個別に考える－ペアで伝えあう－書く－クラスで共有する（TPWS）
・読む－ペアで伝えあう－クラスで共有する（RPS）

ほかにも、RWPS、TWRPS、TRWPWS、TWRWPSW などがありますが、これらを試してみて、あなたの生徒にとって一番よい方法を見つけてください。

効果的な会話の方法について話し合う

これに加えて、効果的な会話をする方法について話し合わせたり、ミニ・レッスンをすることも必要です。これは、学校の内外で生産的に会話を進めるにはどうすればよいかについて話すという意味で、「会話についての会話」[16]といえます。友情や人間関係を築いたり、社会や職場でほかの人と交流したりするうえでの会話の重要性とともに、授業における会話力について話し合うとよいでしょう。

私がおすすめするのは、「会話のよいモデル」と「会話の悪いモデル」を分析し、なぜよいモデルはうまくいって悪いモデルはうまくいかないのかについて考えることです（考えを明確にして、支え、評価し、練りあげ、価値づけるという観点から)。また、あらかじめモデル役の生徒を決めるなどして、生徒同士あるいは生徒と教師による「生きたモデル会話」を見せることもできます。

こうした話し合いをすることによって生徒は、難しい学習課題をやり遂げたり、重要な考えをつくりあげたりするときには一緒に考える必要がある、と実感するはずです。

一年間をかけて、教師に頼らなくても自分の会話はコントロールできるということに重点を置きましょう。また、考えを明確にすること・支えること・評価することは、双方向のスキルであると気づかせましょう。つまり生徒は、いつ、どのような形でパートナーにこれらのことを促すかについて理解する必要がありますし、同時に、パートナーから促された場合の対応の仕方についても理解しておく必要があるということです。

次に示す五年生における社会科のメタ会話では、教師は異なる視点から根拠を見つけることの大切さを教えようと考えました。スクリーンに映写された「会話の悪いモデル」は、スペイン人が征服後にメキシコ中央部に栄えたアステカ族を支配し続けた方法についてのものですが、まず

(15)　原著では、TWPSというように、活動の順序が英語の頭文字で示されています。T=Think（個別に考える）、W=Write（書く）、R=Read（読む）、P=Pair（ペアで伝えあう）、S=Share（クラス全体で共有する）

(16)　「メタ会話」と呼ぶこともできます。一八八ページの「会話の進め方への働きかけ」も参照してください。

悪いモデルに出てきた二人の生徒役を演じるところから学習がはじまりました。それから、教師は二人をペアにして、「どうしたらこの会話はうまくいくでしょうか？」と尋ねました。
ペアでの伝えあいのあと、教師はクラス全体の話し合いを行い、ペアで考えたことを共有する活動をはじめました。

---

(1) A もっと長く話せると思います。答えが短いです。
(2) B それから、デイビッドは根拠ではなく意見を述べていました。
(3) T いいですね。ほかの人はどうでしょうか？ あらゆる視点を学ぶことが大切であると覚えていますか？
(4) C そうだ、スペイン人の根拠みたいなものはたくさんあったと思うけど、アステカ族のものはあまりなかったです。
(5) T ほかの人はどうですか？ アステカ族の視点からの根拠はほかになかったですか？ そこから、どのようなことが言えますか？
(6) D 一方の意見だけをもつべきではありません。もう一方の意見も重要です。
(7) T どうしてですか？
(8) B 不公平だからです。一方だけに耳を傾けるべきではありません。

(9)　**T**　どうしてですか？
(10)　**E**　あらゆる側面、あらゆる人々について、彼らが考えたように学ぶべきだからです。
(11)　**A**　それと、先月学んだことがありました。「歴史は○○によって書かれる」……。
(12)　**F**　勝者？
(13)　**T**　そうですね。それは、私たちの話し合いとどのように関係していますか？
(14)　**G**　私たちは、真実をつかむ必要があると思う。つまり、戦争の敗者はそれほど多くを語らないということを学んだし、自分の書いたものや芸術品をすべて燃やしてしまうといったこともある。
(15)　**T**　ということは？　ちょっと待って、パートナーと話しましょう。私たちが、戦争の敗者や征服された犠牲者が考えていたことを知ろうと懸命に努力するのはどうしてですか？

会話とそのスキルで学習活動を強化する

本書で何度も見てきたように、私たちは生徒の会話スキルの向上を支援するために、授業で行っている多くのことを改善できますし、またそうすべきです。それは、既存の学習活動に会話を加えるということです。

たとえば、ビデオを途中で停止して、視聴中に考えた内容を生徒同士で話し合うことができます。また、生徒同士で考えを共有するときには、考えを明確にしたり支えたりするように促せます。文章を書いているときには、相手に下書きを読んでもらい、何を伝えようとしているのか、どのような言葉を使おうとしているのかについて会話をします（たとえば、「反論を書いている部分でその言葉を使ったのはどうして?」、「文章のこの部分を使って要点を説明してみたら?」）[17]。考えをつくりあげるスキル、明確にするスキル、支えるスキルを、できるだけ多くの活動や話し合いに織り込むようにしましょう。

本書では、従来の学習活動の改善すべき点を数多く提案してきました。以下では、ほかの活動に適用可能な別の方法について述べていきます。しかし、その前にじっくりと考えていただきたいことが一つあります。それは、「ある学習活動が何も考えをもたらさない場合や、容易に考えを生みだすものに改善できない場合は、その活動を学年の年間指導計画から削除することを検討してください」ということです。

強い言い方になっているのは承知していますが、短時間でできる考えをつくりあげる活動は数多くありますし、それらによって、生徒はより良い学習成果を得ることができます。実際、生徒が有意義に話したり聞いたりする一つ一つの活動は、考えを練りあげ、話す・聞く能力を向上させるための会話スキルを身につける機会となり得るのです。

以下では、これまでにも行われてきた活動を会話の観点から強化するための方法を紹介します。自由にアレンジして使ってください。生徒の学習活動は、次のような取り組みが許容されるとき、より豊かで効果的なものとなります。

・会話のテーマを選ぶ。
・考え、その重要性や価値、そこに込めた思いを明確にする。
・根拠、事例、自分の想像によって考えを支える。
・根拠の確かさを評価する。
・ほかの人との会話において、教科特有の専門的な思考スキルを使う。
・学習成果を示す文章や、そのほかの成果物について話し合う。
・読んでいるものについて話し合う。
・何年にもわたって築きあげていきたい考えをつくりだす。

上記の特徴を用いることで授業に会話を取り入れる方法を**表６－２**として提案します。

---

(17)　小学校の授業では、「この作文を書いていて一番難しかったところ／工夫したところはどこ？　そう思ったのはどうして？」などと質問してもよいでしょう。

表6－2　日常的な学習活動に会話を取り入れる方法

活動	会話に関する工夫
文章を読み、質問に答える。	会話に値する質問とそれに対する自分たちの多様な答えをめぐって生徒は会話をする。質問は理解度をテストするためではなく、考えを練りあげるためのものだということを確認する。質問者に質問させてもよい。「なぜ、書き手は（先生は）私にこの質問をしたんだろう？」
グループポスターを作成する。	まず、ポスターの作成には点数を上げること以上の目的があることを確認する（たとえば、「それはほかの人が概念をつくりあげる助けとなります」）。ポスターの作成前と作成中は、二人一組になって考えを表現（発表）するための多様な方法や、その方法を用いる理由について話し合う。ポスターづくりに関する考えを明確にしたり支えたりするために、お互いに質問しあう。
クラス全体での話し合いとメモ。	話し手が考えをつくりあげるのを助けるために、「ペアでの伝えあい」の機会を頻繁につくり、聞き手からの明確にする質問や考えを支える質問によって、話し手が考えをつくりあげるのを助ける。話し合いのメモには「ビルディング・シート」（61ページ参照）を使う。そして、話し合いで出された意見に対して自分がどのように質問したり反応したりしようとしているのかを、ペアで共有する。例、「エリサの意見に対してどのように答えればいいと思う？」
自分の立場を選択する。	いくつかの異なる立場の考えをつくりあげたうえで、どれか一つの立場を選ぶ。次に、同じ立場のパートナーに向かって、その立場に関する根拠のなかでもっとも説得力のあるもの（および、それを選んだ理由）を説明する。生徒の何名かを中立的な立場として、各陣営から自分たちの側に加わるよう説得させてもよい。反対側の根拠を確認することからはじめることもできる。「……ということは分かるのですが、やはり私たちは……という根拠のほうが説得力はあると思うので、……だと考えます」

ギャラリーウォークをする。	各グループでポスターをつくっている生徒全員が、話す内容を練習する（教師が誰か一人を選ぶ前に）。異なるパートナーで「ペアでの伝えあい」を２回続けて行い（AとB、CとD⇒AとC、BとD)、主要な考えを明確にしたり支えたりする。次に一人の生徒は(ここではDとする)、グループに残ってポスター発表を担当する。Dは、ポスターに集まった聴衆に向けて発表し、聴衆は明確にする質問、支える質問、（もし、Dが問題の一方の面だけを強調している場合には）評価する質問をする（「どの基準を使いましたか？それはなぜ？」)。また、「この活動全体が、すべての生徒が重要な考えをつくりあげる助けとなる」など、聴衆が聞く目的を意識できるようにする。
ビデオを見る。	時々、ビデオを一時停止し、重要な説明や根拠について生徒はミニ会話をする。ビデオを見ながら（時々、再生を止め、考えたり書いたりする時間を多めにとる)、生徒は「ビルディング・シート」(61ページ参照）または「討論の天秤」(137ページ参照）にメモを取る。そのあと、生徒同士でメモを比較し、記入していなかった部分を追記する。

生徒自身が進めるようにする

私がこれまでに参観してきたいくつかの教室では、教師が生徒の会話を過剰に構成し、発言の「型」をたくさん与えたり、活動を何度も中断したり、さらには会話を暗記させるといった授業が行われていました。本書でもいくつかの「話しはじめの言葉」を取り上げてきましたが、それらは慎重かつ事前によく検討したうえで活用し、できるだけ早く取り除いてください。

会話する前にいくつかのモデルを示したら、あとは生徒が実際の会話のなかで生産的に進めていくようにしましょう。そうした会話は乱雑であったり、不完全であったり、短すぎたり、長すぎたり、問いかけからそれていたり、奇妙なものであったりしますが、回数を重ねるうちに改善されていきますので忍耐強く取り組みましょう。

このようにして熱心に会話の練習に打ち込めば、ほかの人との会話ややり取りのエキスパートになるために必要とされる時間も十分に獲得できます(18)。

会話の焦点は考えをつくりあげることにおくべきだという点を、繰り返し生徒に思い出させましょう。生徒は、ほかの人と会話をしながら考えをつくりあげる方法として、言葉、イメージ、記憶、行動などを使った多様で無数のものがあるということを発見するでしょう。つまり、教師がすべきなのは、生徒が会話をはじめられるように、また考えをつくり続けられるように、十分な教材と学びの枠組みを提供することなのです。

会話のなかでお互いをコーチしあう活動を取り入れる

以下に示すのは、生徒が会話のエキスパートになれるようにするための活動です。これらの活動では、一人の生徒がコーチ（会話の観察者）になって二人の会話を聞き、会話を深めたり広げたりする手助けをします。ご想像のとおり、その過程で会話の専門スキルが蓄積されますので、コーチ役は自分の話す順番になったときにはより良い会話ができるようになります。ここでは、コーチ役を用いた活動をいくつか紹介します。

アクティビティー(6-2)　サイレント・コーチング・カード

これは、会話を聞いてパートナーを支援するコーチ役を設定した活動です。コーチ役は、黙ったまま二人のパートナーの会話を促します。また、コーチ役は、事前に作成したさまざまなカード（空白のカードを含む）を持ちます。そして、会話の質を高め、幅を広げるために、一方または両方の話し手にカードをわたします。

もちろん、そのカードの意図が伝わりにくい場合や話し手が詳しい説明を求めた場合には、コーチ役が話をしてもかまいません。しかし、コーチは、第三のパートナーとならないように気をつけなければなりません（これは、おしゃべりな生徒には難しいかもしれません）。

あらかじめ用意するカードには、次ページの**表6－3**に示すように、通常は会話スキルに基づいた提案を記載しておきます。

---

(18)　これは、『最高の授業』で紹介されているスパイダー討論で証明済みです。そこでは、観察者が発言数を蜘蛛の巣図に描いていきます。最初はいい形の蜘蛛の巣が描けませんが、練習するに従って、ほぼ完全な蜘蛛の巣になります。

表6－3　サイレント・コーチング・カードのサンプル

明確にしてもらおう。なぜ(　　)？どのように(　　)?	文章を見て。	考えを支えるための根拠や事例を尋ねよう。	最初の考えについての会話を続けよう。
今、相手が言ったことを言い換えてみよう。	「(　　)という発言／定義には賛成です」	根拠がその考えをどのように支えているか説明してもらおう。	会話の目的や質問に集中して。
相手にもっと話してもらおう(時間を提供しよう)。	目線、うなずき、姿勢などで傾聴していることを示そう。	別の考えを出して練りあげていこう。	

最初の数か月間は、教師がカードの使い方のモデルを示すとよいでしょう。そうすれば、生徒はこの活動の要点をつかめるようになります。この活動の利点は、会話が終了したあとにカードを回収することで、会話がどの程度うまくいったか、今後何に取り組む必要があるのかについて把握できるところです。

次に示すのは七年生の理科での会話です。会話の間、コーチ役の生徒は、会話している二人にサポートカードを静かにわたしていました。

(1)　A　どうしてイカは墨をもっているの？
(2)　B　隠れるためだよ。
(3)　A　どういう意味？
(4)　B　その中に隠れるの。
(5)　A　へえ……。

(6)　C　（生徒Aに、次のサイレント・コーチング・カードをわたす）。

明確にしてもらおう。
なぜ（　　）？

(7)　A　OK。でも、なぜインクの中に隠れるの？

(8)　B　大きな魚に追われたときのように、怖くなったときだよ。

(9)　A　分かった、イカが墨をもっているのは……外敵から逃れるためだね。その写真のように。彼らは墨を出して、それで膜をつくるので、泳いで逃げていくことができると。

(10)　B　そう……だね……。

(11)　C　（生徒Bに次のサイレント・コーチング・カードをわたす）。

考えを支えるための根拠や事例を尋ねよう。

(12) B　例を挙げてもらえる？
(13) A　うん。君が言ったとおりだと思う。サメが追いかけてきたとき、イカは大きな墨の膜をつくって逃げ切れる。サメを混乱させることができるから。
(14) B　本物の大きなサメの展示を見たことはある？
(15) A　ううん、見たことない。
(16) B　サメの歯ってこんなに大きいんだよ（両手を左右に広げて）。
(17) C　（双方の生徒に、次のサイレント・コーチング・カードをわたす(19)）。

会話の目的や質問に集中して。

アクティビティー（6-3）　会話の観察シート

左ページの見える化シート（**図6－1**および**図6－2**参照）は、これまでの章で説明したい

図６－１　観察役の生徒が使う見える化シートのサンプル（考えをつくりあげるときに使用）

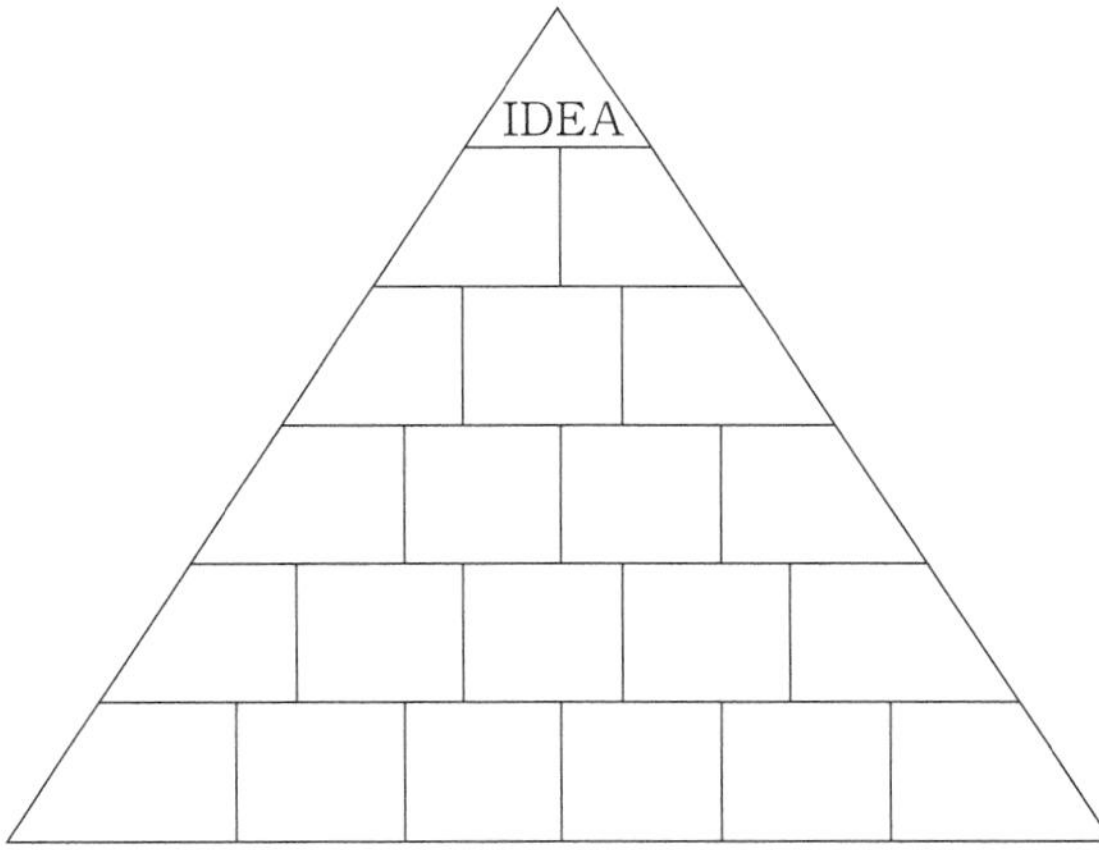

め＝明確にする、さ＝支える、ひ＝評価する、か＝価値づける

図６－２　観察役の生徒が使う見える化シートのサンプル（討論で使用）

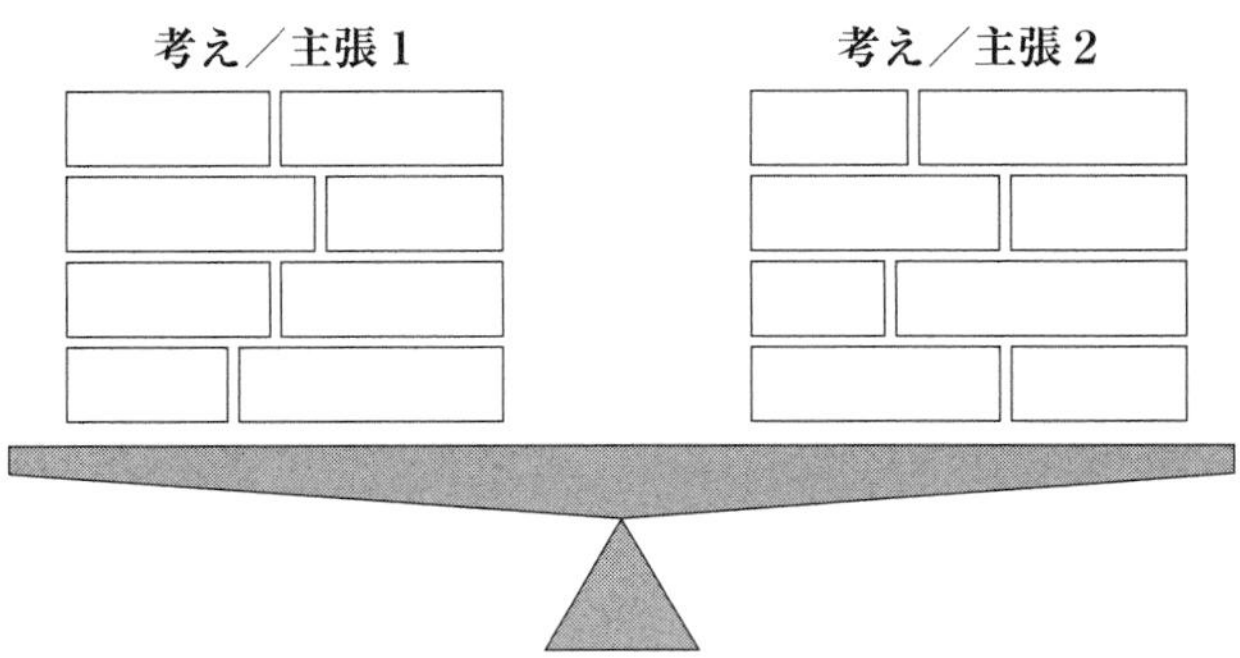

め＝明確にする、さ＝支える、ひ＝評価する、か＝価値づける

くつかの活動や提案に基づいて作成されています。見てのとおり、これらの図では考えをつくりあげることを大切にしています。

観察役の生徒は、ここに文字や記号、短いメモなどを記入します。もし、生徒が「たとえば、主人公はチケットを弟にわたしたよね」と言ったら、観察役の生徒は「レンガ」の中に「㋚⑳のチケットをわたした」と書きます。これとあわせて観察役の生徒は、ボディー・ランゲージ、互いの考えの価値づけ、話す量などについて、長所や改善点をメモすることもできます。

その後、会話した生徒とメモを共有して会話を振り返り、みんなで協力して改善点を明らかにする活動に取り組みます（たとえば、「明確にする発言を多くしよう」）。

会話の問題解決には「会話を改善する言葉リスト」を使う

二七二～二七三ページの**表6－4**を使えば、会話のなかで生じる問題や困り事に対して、生徒自身に対処させることができます（「こうしてみよう」という欄は生徒に向けてのものです）。頻繁に発生する問題に気づいたら、それを左側の列に記入し、生徒と一緒に、その問題を解決するためにできることをブレイン・ストーミングしましょう。

さまざまな学習段階にあわせて会話を調整する

会話は、単元や授業における場面によって異なる場合があります。また、そうあるべきです。たとえば、ある問いかけに関する初期段階の会話に取り組む生徒は、中間段階や最終段階の会話に比べて、考えをつくりあげる際のさまざまな側面に注意を払っています。これらの三つの段階は、一つの授業のなかにも、三週から四週にわたる単元のなかにも見られます。

生徒が単元の最後につくりあげる考えは、最初にはなかった要素を含む新しいものとなります。そのなかに、教師が期待している要素が含まれるように指導の工夫をするとよいでしょう。

授業や単元の導入時に行われる初期段階の会話では、生徒は考えをつくりあげるための準備をします。何をしなければならないのか、これからつくる考えに関してすでに知っていることは何か、どのような情報や手順が必要か、そして、情報を得るための計画をどのように立てるのかについて話し合います。

中間段階では、生徒は考えをつくりあげるために中心となる会話をします。理想的には、さま

(19)　カードの言葉遣いは、生徒の学年に応じて換えたり、その場でカードに書いたりして、臨機応変に使いこなしてください。

(20)　ⓢは「支える」を意味します。

表6−4　会話を改善する言葉リスト

こんなときには	こうしてみよう
会話がうまくはじまらないとき／まったくはじまらないとき	・「この……を分かるようにしよう（明確にしよう、定義しよう）。私たちがしなければならないことは……」と言ってみよう。 ・「……は、この場合／状況ではどういう意味なんでしょうか？」と尋ねよう。 ・「もう一度文章に戻って探してみない？」と言ってみよう。 ・「二つの立場に分かれて考えてみよう。あなたはどちらを選びますか？」と言ってみよう。
相手が短い返事しかしてくれないとき	・具体的な説明を求めよう。 ・質問しよう（なぜ／どうして……？）。 ・言葉の意味を尋ねよう。 ・その発言を支える事例を挙げてもらおう。 ・事例を出して、相手が同意してくれるか聞いてみよう。
相手の応答が長いとき／分かりにくいとき	・会話の目的に関連づけるために、言い換えてみよう。 ・回答のなかで一番大事な部分を明確にしてもらおう。 ・根拠や事例を追加してもらおう。
相手の意見に根拠はあるものの、十分な説明がないとき	・その根拠は考えをどのように支えているのか尋ねてみよう。 ・その根拠は考えをどの程度支えているのか尋ねてみよう。 ・根拠や事例を追加してもらおう。「ほかに根拠はありませんか？」 ・別の根拠と比較しよう。「その根拠は……と比べて効果的でしょうか？」

最初の考えがすでに十分練りあげられていて、事例が十分あるとき	・もっとも影響力のある／ない根拠はどれだと思うか、尋ねよう。 ・最初の考えをつくりあげたときのプロセスを要約しよう。 ・反対意見を提起しよう。 ・思考とコミュニケーションのちょっとした練習として、その考えに「あえて反対する役割」を演じてみよう。 ・「これに対する別の視点はないかな？」と尋ねてみよう。
最初の考えを共有しても、相手の反応がほとんどないとき（「うん」、「いいね」、「そっか」、「へえ」）	・その考えについてパートナーがどう思っているか尋ねてみよう。 ・パートナーにその考えのための根拠を挙げてもらおう。 ・より説得力の高い考えにするために、パートナーにあえて反論してもらおう。 ・「この考えについて話し合うのに十分な根拠はそろっているかな？」と尋ねてみよう。

ざまなパートナーとの間でできるだけ多くの知識と根拠を得るために話し合い、それをほかの人に伝えるための方法を検討します。また、収集した情報やその根拠の質について話し合い、対立する別の立場と比較するために考えを評価し、もっともよいものを選びます。そして、考えをつくりあげるために（あるいは選ぶために）行ってきたことを、どのようにしてほかの人に説明するのかについて話し合います。

最終段階の会話では、生徒は自分たちが何をつくりあげたのか、そして、それをほかの人にもっとも効果的に発表するためにはどうするのかについて話し合います。これには、ポスターやレポート、プレゼンテーション、劇、ビデオ、校内放送、またはこれらを組み合わせるなど、発表資料の作成方法・発表方法に関するやり取りも含まれます。

生徒は、考えを完成させるために必要とされる最後の「レンガ」を見いだすかもしれませんし、考えの明確化について最終仕上げを行うかもしれません。

校内体制の構築とサポート

会話のマインドセットを変革し、実践を発展させ、学校に根づかせていくためには、校内全体の連携、協同的な取り組み、ほとんどの教師と管理職（学校長・副校長）の賛同がやはり不可欠となります。ある女性教師と話したときですが、彼女は「会話による学習を多くの教師に実践してもらうために一生懸命働いていますし、それが長期的なプロジェクトになることを覚悟しています」と言っていました。

彼女の目標は、新任教師が授業で行われているすべての会話に興味を抱き、教師や校長が「これが、私たちの学び方の基盤なのです」と答えるところにまで到達することでした。以下では、それぞれの学校環境のなかで、そうした校内体制を推進するためのロードマップ（指針）を述べていきます。

会話の価値について全校的な合意を得る

同僚や管理職のなかに会話の価値を認めている人がごくわずかしかいない場合は、目指す道のりは大変困難なものとなるでしょう。会話を中心に据えた学びへの移行は、とても重要であり、かつ不安定な作業です。実現のためには多くの教師の賛同が必要です。たとえば、三年生と四年生が素晴らしい会話をしていても、五年生の教師がその価値を理解していないということもあります。とくに、ソーシャル・スキルや会話のスキルに関しては、一年で多くのことが失われてしまいます。

そのため、必要に応じて、会話のすべてのメリットを確認し、学校の同僚や管理職に提示するようにしましょう。また、ほかの教室に入れるなら、会話を中心に据えた学びに賛同してくれる教師と協力して取り組みましょう。会話を観察し、ビデオ録画し、会話することを通してつくりだされた生徒の文章やほかの学習成果を収集しましょう[21]。それらを根拠として、学年会議・教科部会・職員会議および研修会などで共有してください。そして、すべてのレベルのリーダー的なポジションにいる人と共有し、彼らから確固たる賛同と支持を得ましょう。

(21)　第5章に、この具体的な方法が紹介されています。

このことは、会話学習においてはとくに重要です。なぜなら、多くのリーダーたちは読み書きテストの点数には非常に高い関心をもっていますが、会話と点数の間に存在している関連性についてはあまり認識していないからです。会話を学びの中心に据えることは、多くの人にとって、強力な説得なしにはできない危険な賭けのように見えているのです。

また、会話がもたらす重要なメリットである社会的スキル、友情、共感、自信、感情的知性[22]、学び手としての自覚やエイジェンシー[23]を育成するといったことにまだ気づいていない（むしろ、期待してもいない）人もいるようです。

会話を教師の専門的な学習コミュニティーの中心に据える

プロの教師集団として学び続けるコミュニティーとしての学校（ＰＬＣ）[24]とは、同じ職場環境にあり、物事の進め方を改善するために定期的に集まる人たちのグループです。多くの場合、ＰＬＣは同じ学年担当や教科担当の教師で構成されます。彼らは、最善の教え方を協力して学ぶために、生徒が作成したものやビデオなどの学習成果を集めてミーティングを開いています。私は、特定のテーマや重要な問題に半年以上集中して取り組むことをすすめています。また、我田引水になりますが、生徒の会話スキルを向上させることに焦点化するとよいでしょう。

私は教師に、「結果から遡る探究法に取り組むように」と促しています。つまり、まず何を達成したいのかを明確にすること（たとえば、「一つ以上の会話スキルを育成する」）からはじめ、次にその達成を示すためにはどのような根拠（評価の手段）が必要になるのか（たとえば、ビデオクリップ、メモ、生徒の自己評価、会話に関する書きもの）を考え、最後にそれらの目標と評価を満たすためにどのような指導方法が相応しいのかについて考えるという順番で進めていく方法です。(25)

学習の成功事例や失敗談をミーティングで発表することを通して教師は、生徒がもつ会話へのニーズを満たすための知識やスキルを磨いていきます。ＰＬＣにかかわる多くの人は、ミーティングに参加してきたなかで、「これがもっとも効果的に専門性を磨いてくれる」と言っています。

---

(22)「ＥＱ（emotional intelligence）」とも呼ばれる、情動の知能指数のことです。情動を理解・制御する能力を示します。

(23) 七～八ページを参照してください。

(24) (Professional Learning Community) 一九九〇年代の後半からアメリカを中心にかなり広がりつつある学校改善・授業改善・学力向上のアプローチです。「ＰＬＣ便り」で検索すると情報が得られます。

(25) この詳細については、ウィギンズとマクタイによって開発された『理解をもたらすカリキュラム設計』をご覧ください。

アプローチの選択と適応

会話を中心に据えた学習への取り組みに大きな影響を与えるのは、指導と評価を設計するための全体的なアプローチ（つまり、哲学）[26]です。これまでのアプローチ（会話を積極的には取り入れない教え方）でも指導はできるでしょうが、そのアプローチでは教材や教師から生徒の頭に知識を伝達することが重視されているので、ほかの人と協力して知識を処理したり、創造的な活動をしたりする機会が少なくなります。その結果、教師の講義、無言の練習、そして筆記試験に焦点を当てた活動を重視することになってしまいます。

次に示す質問をもとに、あなたがカリキュラムや授業に対してどのようなアプローチをとっているのか見直してみましょう。

・そのカリキュラムは、知識やスキルを身につけて、考えをつくりあげるものになっていますか？

・生徒が活動や評価で活躍するうえで[27]、会話が役立てられていますか？

・そのカリキュラムには、会話の機会が豊富にありますか？　ちょっとした工夫で、生産的な会話ができる可能性はありませんか？

・そのカリキュラムのカギとなる質問は、会話に適したものになっていますか？

多くの場合、各教師は学校のカリキュラムとは異なる複数の考え方を組み合わせた独自のアプローチで指導を行っていますが、幸いなことにそのなかには、時間をかけさえすれば会話の発展や教科の学習を支援するための方法として応用できるものがあります。ここでは二つの方法を取り上げ、私の授業観察の経験も踏まえて、教室内での会話を改善するための提案をします。(28)

ワークショップ・モデル

ワークショップによる授業は、生徒が学ぶべきことや上達すべきことを教師がモデルで示す「ミニ・レッスン」からはじまります。通常、そこで教えられるのは、生徒がワークショップで

(26)　単に、聞く話すにとどまらず、教育に対する姿勢、学習観、授業設計の考え方、方向性などトータルなものを意味します。

(27)　「評価で活躍する」とは、聞きなれないフレーズだと思いますが、ここではパフォーマンス評価や活動中に行われるプロセス評価（形成的評価）を指しており、学習と評価が不可分一体となったものであることを意味しています。

(28)　日本では、教科書ベースのカリキュラム以外には何も存在しないという状況があまりにも長く続きすぎています。ここで紹介されている二つの方法は、教科書アプローチよりもはるかに生徒の学びを引き出す方法なので、ぜひ関心をもっていただきたいです。

練習することになる読み書きの方法です。読み書きの代わりに、ワークショップで練習する会話スキルのモデルを示すことができます。

会話をはじめる前に、「このワークショップの目的は、ミニ・レッスンで示した方法を使って可能なかぎり魅力的で、大きく力強い考えをつくりだすことです」という点を強調しましょう。一つの会話スキルを孤立して練習することが目的ではありません。ワークショップのグループメンバーを時々二人一組にして、今取り組んでいる考えについて会話をさせたところ、グループ活動が活発になったという事例もあります。(29)

プロジェクト学習

プロジェクト学習(PBL)(30)とは、複雑な質問に答えたり、意味のある問題に時間をかけて(たとえば一～一八週間)解決するプロジェクトに生徒が取り組むといったものです。学習のまとめとしては、レポートを書いたり、プレゼンテーション(しばしば本物の聴衆に向けて)をしたり、シミュレーションをするというのが一般的です。

生徒はプロジェクトのなかで、論文や一次資料を含む多様な情報源を活用していきます。また、カギとなる人物にインタビューをしたり、アンケートを作成することもあります。さらに、科学の分野では、実験を行ったり異なる現象を観察するといった必要もあるでしょう。ＰＢＬにおける大切な要素として、次のようなものが挙げられます。

・多様な学習のスキルを使う。
・複数のジャンルの本を読む。
・探究するテーマや最終的な成果発表の方法を選ぶ。
・協働的に取り組む。
・複数の方法でコミュニケーションをとる（文章の執筆、口頭でのスピーチ、視覚的なプレゼンテーション、出版など）。

---

(29)　この項は、残念ながらあまりにも短すぎます。察するに、北米ではすでにワークショップが当たり前すぎて、ページを割く必要性を感じなかったのでしょう。ワークショップによる授業の話し合うことに関しては、下のＱＲコードから面白いと思えるものをぜひ読んでください。読み書きの教え方としてスタートしたこの教え方は、今や他教科にも広がっています。『だれもが科学者になれる！』や『社会科ワークショップ』、『歴史をする』、『数学者の時間（仮題）』などでは、生徒が話し合う姿がふんだんに描かれています。

(30)　ＰＢＬには二種類あります。ここで扱われているプロジェクト学習（Project-based learning）と、「プロブレム学習（Problem-based learning）」です。前者のプロジェクト学習には『プロジェクト学習とは』がおすすめですが、後者には『ＰＢＬ――学びの可能性をひらく授業づくり』がおすすめです。

表6－5　プロジェクトの学習で会話を改善する方法の例

おすすめの方法	実践事例
カギとなる問い（探究）(＊1)に答えたり、大きな問題を解決したりするためには、重要な考えを広範囲につくりあげる必要があることを生徒に理解させ、プロジェクトの各段階（最初、中間、最後）でさまざまな会話を行う。	シルクロードに関する博物館展示プロジェクトのために、生徒は概念図を使用した。図の中心には、来場者に伝えたいことに関する考えが書き込まれている。 最初の会話では、何を調査したらいいかに焦点を当てた。中間の会話では、フィードバックを使って展示の分かりやすさや構成を改善することに焦点を当てた。最後の会話では、プロジェクトで学んだことに焦点を当てた。
研究と会話に関するスキルのモデルを示すためにモデルプロジェクトを作成し、「会話のよいモデル」を見せる。その際には、会話の相手役（生徒）に、会話を通じてクラスに伝えたいこと（たとえば、考えを明確にする、支える、パートナーの反応を価値づける、傾聴する、考えを練りあげる方法）を前もって伝えておくとよい。	電気と磁気に焦点を当てた科学プロジェクトに取り組む生徒の前で教師は、ボランティア・パートナー（生徒）とモーターの働き方に関する「会話のよいモデル」を示した。 教師は、あらかじめパートナーに明確にする質問や支える質問のサンプルを提供した。また、使っている会話スキルを強調するために、会話を一時停止することもあった。
生徒がプロジェクトに必要なクリティカル・シンキング(＊2)を実践するよう促す問いかけを作成する。 多くの場合、モデリングや問いかけには、評価する、基準を使う、考えを生活に応用する、思考の偏りを考慮するなどのスキルを含む。	ヨーロッパにおける産業革命に焦点を当てた歴史研究プロジェクトで、教師は次のように問いかけた。 「これから使おうと考えているウェブページの情報源の信頼性をどのように評価しているかについて話し合いましょう。どのような判断基準を使いますか？」、「テーマの重要性について話し合いましょう。その根拠を強めたり弱めたりするのは何ですか？」

第5章と同様のツールを使用して、生徒に会話を自己評価させる。	高校の国語の授業で、教師は生徒にクラス全体の自己評価ツールをつくらせた。必要に応じて、一つか二つの項目を追加して個人用にすることもできる。それぞれの会話（『ハムレット』について）のあと、このツールを使って、その会話が自分たちの考えを練りあげる活動にどれだけ役立ったかを評価した。

（＊1）たとえば、「『便利』ということについて考えてみよう」、「より良いコミュニティーデザインとは」など、日常生活に題材をとれば、小学校の授業でも実践できます。
（＊2）ｖページの注（3）を参照してください

プロジェクトを選択したら、一人で黙々と取り組み、最終的な作品を仕上げて、よい成績が取れるといった生徒もいるでしょう。しかし、ＰＢＬでは「過程」も重要となります。もし、その生徒が誰とも会話をしなかったとしたら、いくつかの重要な（しばしば、目には見えない）学習をやり損なっていることになります。

最終的な作品は、たとえ「Ａ」の成績を取ったとしても、会話学習をしたほうがさらにすぐれたものになったかもしれませんし、その生徒の心にずっと残るものになったかもしれません。また、もし彼がほかの人と交流をしていたら、ほかの人の学習を向上させる手助けをしていたかもしれません。

覚えておいてほしいことは、多くの生徒にとっては新しい学習パラダイムであり、文化であるという点です。そして、自己中心的な学校ゲームから、魅力的な考えをつくりあげる共同作業チームへの移行だということです。

ＰＢＬは、生徒が会話で考えを練りあげるための豊富な機会をもたらしますが、会話を改善し、最大限に活用するためにはさらなる工夫ができそうです。もちろん、プロジェクトに取り組む際のより大きな権限と時間を生徒に与えることには意味があるでしょう。しかし、そこに会話スキルを育成するための課題を加えれば、それ以上の効果をもたらすことができるのです。ＰＢＬでの会話を改善する、いくつかの方法を**表６－５**（二八二〜二八三ページ）として示しました。

まとめ

会話を中心に据えた学習への移行は大きな挑戦です。簡単なステップや用意されたカリキュラムですぐに実践できるようになるわけではありません。本格的な学習に至るまでの面倒な道のりを乗り越えるためには、多くの時間と忍耐、そして意欲が必要です。

しかし、学ぶことにより興奮し、クラスメイトとより良い関係を築き、より確かで永続的な方法を使って学習内容を学び、ほかの人とつながりながら生きることの価値を認識した人間へと成長していく生徒の姿を見ていると、この努力や挑戦には十分価値があると分かります。

最後に、生徒の学習と生活を向上させるために献身的に取り組んでくださっている読者のみなさんに謝意を表したいと思います。生徒には、私たちと一緒に過ごす短い時間のなかで最高の学習機会を得る権利があります。会話は、そのような機会を提供する極めて有効な方法なのです。

この重要な実践に関するご質問、成功事例、新たな発見などがございましたら、お気軽にご連絡ください（連絡先は、jazwiers@usfca.edu 宛に英語でお願いします）。

訳者あとがき

本書のポイントは、次の二点にまとめることができると思います。

第一のポイントは、「話し合い活動」はなぜ重要なのか、どういう方法で行えばよいのか、うまくいかない原因やその解決策は何かを明確に提示していることです。

現在、日本では「主体的・対話的で深い学び」が旗頭とされ、受け身の学習からの脱却が目指されています。とくに「対話的な学び」への関心は高く、さまざまな教科などの学習において、生徒相互による「話し合い活動」が取り入れられるようになりました。このような学び方（学び合い）への変革は、協働による問題解決能力、クリティカルな思考・態度、他者への共感力などといった、これからの社会において求められるような資質・能力を育成するうえでとても重要な契機になると考えられます。

しかしながら、すでに「話し合い活動」を授業に取り入れた教師のなかには、思い描いていたほど生徒がうまく話し合えない、活発な様子が見られない、と感じている人もいることでしょう。あるいは、にぎやかではあるけれど、生徒の思考に深まりが見られないという悩みをもっている人もいるかもしれません。一方、ジグソー学習やディベートなどの言語活動を取り入れ、「対話的な学び」を実現させてきた教師のなかにも、活動のマンネリ化を感じている人がいることでしょう。

本書のなかでも、「話し合い活動」に関する悩みや問題点が少なからず指摘されていました。たとえば、次のような状況が問題視されています。

・自分の考えを少し話せば、十分参加したと感じている。
・指示されたから話し合っているものの、必要性を感じていない。
・話題は示されたものの、何をどのように話し合えばよいのかがはっきりしない。
・与え続けている発言の「型」のせいで、ぎこちない話し合いになっている。
・二項対立の論題によって議論は活発になっているが、内容は反論の応酬にとどまっている。
・暗記した知識につながりがなく、話し合いのなかでいかされていない。
・テストでよい点数をとることだけが学習だと思い込んでいる。

これらは本書のさまざまなところで指摘されていますが、読まれて分かるように、著者は生徒がうまく話し合えない原因を広い視野から捉えています。つまり、生徒が話し合いながら学んでいくためには、学ぶとはどういうことかという認識（マインドセット）を変えていく必要がある、と言っています。確かに、たくさんの情報を得ることやそれらを暗記することが学習であると考えているかぎり、「話し合い活動」は非効率的で学習する価値のないものと見なされてしまいます。では、どうすればよいのでしょうか。

この問いに対して著者は、「話し合い活動」に本気になって取り組むためにはそこに価値を見いだすための教室文化が必要だと言っています。「話し合い活動」の悩みや問題点を表面的に解決するのではなく、実践の基盤にまで立ち戻って原因を見いだそうとしているのです。そして、「話し合い活動」に価値を見いだす文化を育てるために、教師個人でできることは何か、同僚と協力してできることは何か、校内全体ですべきことは何かというように、いろいろなレベルでの具体的な解決策を明確にしています。

本書で提案される、育成すべきスキルやその具体的な指導方法、アクティビティーの内容などに説得力が感じられるのも、それらが「話し合い活動の文化を育てる」という根本的な視点から導かれているからだと考えられます。ここに、本書の魅力の一つがあるといえます。

二番目のポイントとして、本書のタイトルにもなっている「学習会話」という概念は、日本の教育現場にとって新規性・提案性が高いということを挙げたいと思います。

ここまで、日本の教育現場で馴染みのある「話し合い活動」という用語を用いてきましたが、本書において著者は、あえて「学習会話（Academic Conversations）」という独自の用語を使っています。この「学習会話」は、日常的な学習場面におけるやり取りが企図されており、本書で提案されるアクティビティーの多くも二人組で取り組まれています。そこには、「対話的な学び」の充実を図るカギは一対一のやり取りの改善にあるという著者の主張が反映されています。

また、この用語には、本書におけるもう一つの重要な主張が凝縮されているように思います。その主張とは次のようなものです。

一年間をかけて、教師に頼らなくても自分の会話はコントロールできるということに重点を置きましょう。また、考えを明確にすること・支えること・評価することは、双方向のスキルであると気づかせましょう。つまり生徒は、いつ、どのような形でパートナーにこれらのことを促すかについて理解する必要がありますし、同時に、パートナーから促された場合の対応の仕方についても理解しておく必要があるということです。（二五七ページ）

つまり、生徒が、学習場面に適した会話の力を身につけること、話し手としても聞き手としても自分の会話のあり方を自覚的に高めていくことが目標とされているのです。このような生徒が育てば、アクティブ・ラーニングなどの対話的・創造的な学びの効果が高まることは間違いないといってもよいでしょう。

本書では、「学習会話」の核となる力として次の五つのスキルが提案されています。

①**考えをつくりあげる**――最初の考えをより力強い考えへと練りあげる。学習会話の目的でもあり、以下の②〜⑤を包括するスキルでもある。

②**最初の考えを出す**――考えをつくりあげていくためのたたき台となる考えを出す。これがなければ学習会話ははじまらない。

③**考えを明確にする**――質問したり言い換えたりすることで、会話する人同士がその考えの意味を共有する。

④**根拠を用いて考えを支える**――適切な根拠、事例、理由づけなどを用いて自分の考えの説得力を高める。

⑤**つくりあげた考えを評価する**――討論などで、複数の考えを判断基準に照らして比較し、価値づけ、一つを選びだす。

このとおり、バラバラなスキルをいくつも並べるのではなく、目的や働きによってスキルを束ねているのも特徴の一つであり、実際の場面で扱いやすくしています。たとえば、③の「考えを明確にするスキル」は、確認する、言い換える、事例を伝えるなどの下位スキルを含んだものとされています。

そしてこれらは、自分が話す際に用いるだけでなく、相手に質問して求めるといった二面性のあるスキルであることが述べられています。「学習会話」が、生徒一人ひとりの内面に取り入れられていくことにもつながる、示唆に富んだ発想であるといえるでしょう。これは、生徒が「学習会話」で学んだことを日常生活に適用することにつながります。そして、それが促されることが本物の学びなのです。

著者は、本書の至る所で、「教室での学習会話」と「生活場面での日常会話」の結びつきを強調しています。「学習会話」を育てることは、市民生活、社会生活、ひいては世界全体を豊かにすることにつながるという点こそが、本書に込められた重要なメッセージだといえるのではないでしょうか。

本書のポイントを二点述べてきました。これに加えて、訳者としてあと三つのことをお伝えします。

一つは、原書とこの翻訳書についてです。原書は、*Jeff Zwiers* による *Next steps with academic conversations : new ideas for improving learning through classroom talk*（二〇一九年出版）です。著者のズィヤーズ氏はスタンフォード大学の教育研究者で、一五年以上にわたって、現場教師とともに教室での話し合い活動を改善する研究に取り組んできました。本書のなかには、その研究から得られた貴重な知見や会話のサンプルが幅広く盛り込まれています。

翻訳にあたっては、日本の教育現場の状況をふまえ、著者の提案を分かりやすく紹介することを旨としました。そこで、本書には「学習会話」の育成に中心的な役割を果たす国語科にかかわる内容と、いろいろな教科などの指導に活用しやすい内容を中心に収めることとし、掲載するアクティビティーなどを精選しました。紙幅の関係でやむをえず掲載できなかったアクティビティーについては、インターネット上で公開していますので、ぜひご覧ください（https://sites.google.com/view/academicconversations/）。

二つ目は、本書で紹介されている多数の「問いかけ」についてです。授業で話し合い活動を計画するとき、その話題や課題の設定がいかに大切か、そしていかに難しいかを実感している教師の方々が多いと思います。本書でも、豊かな「学習会話」を導くための「prompts」、つまり「問いかけ」の重要性が指摘されており、第1章には「問いかけ」を作成するポイントがまとめられていました。しかし、それだけではありません。実は、本書全体が、著者が長年の研究で蓄積してきた、豊かな「問いかけ」の宝庫になっているのです。

そこで、各教科などの学習で活用可能な「問いかけ」を見つけやすくするために、本書で紹介されている「問いかけ」をまとめた索引を、右のサイトに掲載しました。本書の事例を検索するときに、また、話し合い活動を計画するときの参考資料として活用してください。

三点目は、教育現場におけるコロナ禍の影響についてです。新型コロナウイルス感染症の流行は、二〇二〇年以降の教育現場にも多大な影響を与えました。とりわけ、音声言語を伴う言語活動には大きな制約が強いられました。話し合い活動を控えざるをえなくなった学校も多いと思います。しかしながら、そのような状況を経験することで、むしろ一層、話し合い活動の重要性を実感したという教師や生徒が多いのではないでしょうか。それは、「対話的な学び」には、学習内容を深めるだけでなく、教師や生徒の間に「本当のつながり」をつくりだすという大切な意義があるからです。そして、その意義は、コロナ禍の時代であってもなくても変わることはありません。

話し合い活動の開発と改善は、どの時代でもどの地域でも、すべての教師が頭を悩ませる、教育の普遍的なテーマなのです。本書が提案する「学習会話」は、対面型授業でもオンライン授業でも実践することができます。「対話的な学び」の意義を再確認し、新たな方法を切り拓くための手掛かりの一つとして、本書をお使いいただければ幸いです。

本書が読者のみなさんの授業実践に長く役立つものとなること、そして、「学習会話」を使って考えをつくりあげる力を身につけた生徒が一人でも多く育ってゆくことを、訳者一同、心から願っています。

最後になりましたが、粗訳の段階で原稿にフィードバックをしてくれた大木理恵子さん、志賀裕美さん、平形武丸さん、丸山秀光さん、脇山真優さん、ご多忙のなか、どうもありがとうございました。そして、この本を翻訳書として日本の読者に読んでもらうことを可能にしてくださった、株式会社新評論の武市一幸さん、美しく読みやすい本に仕上げていただき、誠にありがとうございました。

訳者一同

・ジョンストン、ピーターほか『国語の未来は「本づくり」(仮題)』マーク・クリスチャンソンほか訳、新評論、2021年秋刊行予定
・富田明広ほか『社会科ワークショップ――自立した学び手を育てる教え方・学び方』新評論、2021年
・ハミルトン、コニー『質問・発問をハックする』山崎亜矢ほか訳、新評論、2021年秋刊行予定
・ピアス、チャールズ『だれもが科学者になれる――探究力を育む理科の授業』門倉正美ほか訳、新評論、2020年
・ブース、デイヴィッド『私にも言いたいことがあります！――生徒の「声」をいかす授業づくり』飯村寧史ほか訳、新評論、2021年
・プロジェクト・ワークショップ編『増補版　作家の時間――「書く」ことが好きになる教え方・学び方（実践編）』新評論、2018年
・プロジェクト・ワークショップ編『読書家の時間――自立した読み手を育てる教え方・学び方【実践編】』新評論、2014年
・ボス、スージーほか『プロジェクト学習とは』池田匡史ほか訳、新評論、2021年
・吉田新一郎『「学び」で組織は成長する』光文社新書、2006年
・吉田新一郎『増補版「読む力」はこうしてつける』新評論、2017年
・吉田新一郎『改訂増補版　読書がさらに楽しくなるブッククラブ』新評論、2019年
・吉田新一郎ほか『シンプルな方法で学校は変わる』みくに出版、2019年
・吉田新一郎『読み聞かせは魔法！』明治図書出版、2018年
・レヴィスティック、リンダ・S・ほか『歴史をする――生徒をいかす教え方・学び方とその評価』松澤剛ほか訳、新評論、2021年
・レント、リリア・コセット『教科書をハックする――21世紀の学びを実現する授業のつくり方』白鳥信義ほか訳、新評論、2020年
・ロススタイン、ダンほか『たった一つを変えるだけ――クラスも教師も自立する「質問づくり」』吉田新一郎、新評論、2015年

Felton, M., M. Garcia-Mila, C. Villarroel, and S. Gilabert. 2015. "Arguing Collaboratively: Argumentative Discourse Types and Their Potential for Knowledge Building." *British Journal of Educational Psychology* 85:372–386.

Gee, J. 1996. *Social Linguistics and Literacies: Ideology in Discourses*. London: Routledge Falmer.

Mehan, H. 1979. *Learning Lessons: Social Organization in the Classroom*. Cambridge, MA: Harvard University Press.

Mercer, N. 2000. *The Guided Construction of Knowledge: Talk Amongst Teachers and Learners*. Clevedon, England: Multilingual Matters.

Nichols, M. 2006. *Comprehension Through Conversation: The Power of Purposeful Talk in the Reading Workshop*. Portsmouth, NH: Heinemann.

訳注で紹介した本の一覧

・アトウェル、ナンシー『イン・ザ・ミドル——ナンシー・アトウェルの教室』小坂敦子ほか訳、三省堂、2018年
・井垣尚人ほか『数学者の時間（仮題）』新評論、2022年刊行予定
・ウィギンズ、アレキシス『最高の授業』吉田新一郎訳、新評論、2018年
・ウィンギズ、グラントほか『理解をもたらすカリキュラム設計』西岡加名恵訳、日本標準、2012年
・オストロフ、ウェンディ・L『「おさるのジョージ」を教室で実現——好奇心を呼び起こせ！』池田匡史ほか訳、新評論、2020年
・カーソン、レイチェル『沈黙の春』青樹簗一訳、新潮文庫、1974年
・カルキンズ、ルーシー『リーディング・ワークショップ』吉田新一郎ほか訳、新評論、2010年
・キーン、エリン・オリヴァー『理解するってどういうこと？』山元隆春ほか訳、新曜社、2014年
・ジョンストン、ピーター『言葉を選ぶ、授業が変わる！』長田友紀ほか訳、ミネルヴァ書房、2018年
・ジョンストン、ピーター『オープニングマインド——子どもの心をひらく授業』吉田新一郎訳、新評論、2019年

⑯ Keyes, D. 1966. *Flowers for Algernon.* New York: Harcourt.

⑰ Moeller, V. J., and M. V. Moeller. 2001. *Socratic Seminars and Literature Circles for Middle and High School English.* Larchmont, NY: Eye on Education.

⑱ New York State Social Studies Framework. 2015. 11.7c. https://www.bpsgroverteacher.com/uploads/1/4/8/4/14847764/nys_social_studies_framework_us_history.pdf.

⑲ Next Generation Science Standards. 2019a. "4-LS1 from Molecules to Organisms: Structures and Processes." NGSS 4-LS1-1. https://www.nextgenscience.org/dci-arrangement/4-ls1-molecules-organisms-structures-and-processes.

⑳ ＿＿. 2019b. "MS-PS2-4 Motion and Stability: Forces and Interactions." NGSS-MS-PS2.4. https://www.nextgenscience.org/pe/ms-ps2-4-motion-and-stability-forces-and-interactions.

㉑ ＿＿. 2019c. "MS-ESS2-3 Earth's Systems." NGSS-MS-ESS2-3. https://www.nextgenscience.org/pe/ms-ess2-3-earths-systems.

㉒ Raphael, T. E., S. Florio-Ruane, and M. George. 2001. *Language Arts* 79 (2): 159–168.

㉓ Singer, T. W., and J. Zwiers. 2016. "What Conversations Can Capture." Educational Leadership 73 (7).

㉔ Washington State Standards for Social Science: Grade 7. 2019. WashingtonState.G7.1.2.3. https://www.perma-bound.com/state-standards.do?state=WA&subject=social-studies&gradeLevel=7.

㉕ White, E. B. 1952. *Charlotte's Web.* New York: Harper & Brothers.『シャーロットのおくりもの』E. B. ホワイト／さくまゆみこ訳、あすなろ書房、2001年

㉖ Zwiers, J., and M. Crawford. 2011. *Academic Conversations: Classroom Talk That Fosters Critical Thinking and Content Understandings*. Portland, ME: Stenhouse.

Recommended Resources（おすすめ本）

Cazden, C. 2001. *Classroom Discourse: The Language of Teaching and Learning.* Portsmouth, NH: Heinemann.

Chinn, C. A., and D. B. Clark. 2013. "Learning Through Collaborative Argumentation." In *The International Handbook of Collaborative Learning*, ed. C. E. Hmelo-Silver, C. A. Chinn, C. K. K. Chan, and A. O'Donnell. Educational Psychology Handbook Series. New York: Routledge/Taylor & Francis Group.

Edwards, D., and N. Mercer. 1993. *Common Knowledge: The Development of Understanding in the Classroom.* London: Routledge.

参考文献一覧

① Baker, A., P. J. Jensen, and D. A. Kolb. 2002. *Conversational Learning: An Experiential Approach to Knowledge Creation*. Westport, CT: Quorum Books.

② Beck, I. L., M. G. McKeown, and L. Kucan. 2013. *Bringing Words to Life: Robust Vocabulary Instruction*. 2nd ed. New York: Guilford Press.

③ California State Board of Education. 2017. "United States History and Geography: Making a New Nation." In *California History-Social Science Framework*. Grade Five. Sacramento: California Department of Education. https://www.cde.ca.gov/ci/hs/cf/documents/hssfwchapter8.pdf.

④ Common Core State Standards. 2019a. "English Language Arts Standards—Reading: Informational Test—Grade 7." CCSS.ELA-LITERACY.RI.7.9. http://www.corestandards.org/ELA-Literacy/RI/7/.

⑤ ____. 2019b. "English Language Arts Standards—Speaking & Listening—Grade 9–10." CCSS.ELA-LITERACY.SL.9-10.3. http://www.corestandards.org/ELA-Literacy/SL/9-10/.

⑥ ____. 2019c. "English Language Arts Standards—Writing—Grade 3." CCSS.ELA-LITERACY.W.3.1. http://www.corestandards.org/ELA-Literacy/W/3/.

⑦ ____. 2019d. "Grade 4—Measurement & Data." CCSS.MATH.CONTENT.4.MD.C.7. http://www.corestandards.org/Math/Content/4/MD/.

⑧ ____. 2019e. "Grade 7—Ratios & Proportional Relationships." CCSS.MATH.CONTENT.7.RP.A.2.A. http://www.corestandards.org/Math/Content/7/RP.

⑨ ____. 2019f. "High School Algebra: Reasoning with Equations & Inequalities." CCSS.MATH.CONTENT.HSA.REI.C.6. http://www.corestandards.org/Math/Content/HSA/REI.

⑩ Daniels, H. 2002 . *Literature Circles: Voice and Choice in Book Clubs and Reading Groups*. (2nd ed.). Portland, ME: Stenhouse.

⑪ Fountas, I. C., & Pinnell, G. S. 2001. *Guiding Readers and Writers: Teaching Comprehension, Genre, and Content Literacy*. Portsmouth, NH: Heinemann.

⑫ Grice, H. P. 1975. "Logic and Conversation." In *Speech Acts*, ed. P. Cole and J. L. Morgan. New York: Academic Press.

⑬ Hari, R., and M. V. Kujala. 2007. "Brain Basis of Human Social Interaction: From Concepts to Brain Imaging." *Physiological Reviews* 89 (2): 453–479.

⑭ Jimenez, F. 1997. *The Circuit*. Albuquerque: University of New Mexico Press.

⑮ Johnson, D. W., and R. T Johnson . 1994. "Structuring Academic Controversy." *Handbook of Cooperative Learning Methods* , ed. S. Sharan. Westport, CT: Greenwood.

訳者紹介

北川雅浩（きたがわ・まさひろ）

熊本大学大学院教育学研究科准教授。趣味はテニス。小学校を主なフィールドとしながら、子供たちが対話を学ぶことと、対話で学び合うことの両面を充実させるための指導法について研究している。

竜田徹（たった・とおる）

佐賀大学教育学部准教授。趣味は風景写真とパン作り。国語科教育の存在理由と国語学習の記憶について研究している。近年は教員養成に資する高大接続教育のカリキュラムについても研究している。

吉田新一郎（よしだ・しんいちろう）

この本の後は、『最高の授業』『私にも言いたいことがあります！』『言葉を選ぶ、授業が変わる』『オープニングマインド』『国語の未来は「本づくり」（仮）』に読み進んでいただけるとうれしいです。

学習会話を育む

——誰かに伝えるために——

2021年10月31日　初版第1刷発行

訳者　北川雅浩
竜田　徹
吉田新一郎

発行者　武市一幸

発行所　株式会社　新評論

〒169-0051
東京都新宿区西早稲田3-16-28
http://www.shinhyoron.co.jp

電話　03(3202)7391
FAX　03(3202)5832
振替・00160-1-113487

落丁・乱丁はお取り替えします。
定価はカバーに表示してあります。

印刷　フォレスト
装丁　山田英春
製本　中永製本所

ISBN978-4-7948-1195-0

新評論　好評既刊　あたらしい教育を考える本

スージー・ボス＋ジョン・ラーマー著／池田匡史・吉田新一郎　訳

プロジェクト学習とは

地域や世界につながる教室

生徒と教師が共に学習計画を立て、何をどう学ぶかを決めていく。
人生や社会の課題解決を見据えた学び方の新たなスタンダード。

四六並製　384 頁　2970 円　ISBN978-4-7948-1182-0

L・S・レヴィスティック+K・C・バートン／松澤剛・武内流加・吉田新一郎 訳

歴史をする

生徒をいかす教え方・学び方とその評価

暗記型・テスト中心のつまらない歴史学習はもうやめよう！
多元的民主主義を支える主体者意識を育む歴史の授業実践法。

四六並製　376 頁　2640 円　ISBN978-4-7948-1177-6

A・チェインバーリン&S・メイジック／福田スティーブ利久・吉田新一郎 訳

挫折ポイント

逆転の発想で「無関心」と「やる気ゼロ」をなくす

「学びは必ず挫折する」という前提から出発、その契機を理解し、
指導や支援の仕方を変革することで教室を変える具体策を指南。

四六並製　268 頁　2640 円　ISBN978-4-7948-1189-9

ダン・ロススタイン＋ルース・サンタナ／吉田新一郎 訳

たった一つを変えるだけ

クラスも教師も自立する「質問づくり」

質問をすることは、人間がもっている最も重要な知的ツール。
大切な質問づくりのスキルが容易に身につけられる方法を紹介！

四六並製　292 頁　2640 円　ISBN978-4-7948-1016-8

デイヴィッド・ブース／飯村寧史・吉田新一郎 訳

私にも言いたいことがあります！

生徒の「声」をいかす授業づくり

一方通行で挙手を待つような講義型授業はもう終わりにしよう！
子どもたちが自ら「声」を発するのを支える授業のための手引き。

四六並製　348 頁　2640 円　ISBN978-4-7948-1175-2

＊表示価格はすべて税込み価格です

新評論　好評既刊　　あたらしい教育を考える本

S・サックシュタイン＋C・ハミルトン／高瀬裕人・吉田新一郎 訳

宿題をハックする

学校外でも学びを促進する 10 の方法

シュクダイと聞いただけで落ち込む…そんな思い出にさよなら！
教師も子どもも笑顔になる宿題で、学びの意味をとりもどそう。

四六並製　304 頁　2640 円　　ISBN978-4-7948-1122-6

S・サックシュタイン／高瀬裕人・吉田新一郎 訳

成績をハックする

評価を学びにいかす 10 の方法

成績なんて、百害あって一利なし!?「評価」や「教育」の概念を
根底から見直し、「自立した学び手」を育てるための実践ガイド。

四六並製　240 頁　2200 円　　ISBN978-4-7948-1095-3

リリア・コセット・レント／白鳥信義・吉田新一郎 訳

教科書をハックする

21 世紀の学びを実現する授業のつくり方

教科書、それは「退屈で面白くない」授業の象徴…
生徒たちを「教科書疲労」から解放し、魅力的な授業をつくるヒント満載！
大切な質問づくりのスキルが容易に身につけられる方法を紹介！

四六並製　344 頁　2640 円　　ISBN978-4-7948-1147-9

マーク・バーンズ＋ジェニファー・ゴンザレス／小岩井 僚・吉田新一郎 訳

「学校」をハックする

大変な教師の仕事を変える１０の方法

時間に追われるだけの場所から、学びにあふれた空間へ！
いまある資源を有効活用するための具体的アイディア満載。

四六並製　224 頁　2200 円　　ISBN978-4-7948-1166-0

N・メイナード＋B・ワインスタイン／高見佐知・中井悠加・吉田新一郎 訳

生徒指導をハックする

育ちあうコミュニティーをつくる「関係修復のアプローチ」

子どもたちの「問題行動」にどう対処すべきか。米国で実証済み、
真の成長に資する指導をめざす「関係修復のアプローチ」を詳説。

四六並製　288 頁　2640 円　　ISBN978-4-7948-1169-1

＊表示価格はすべて税込み価格です